国际儒学联合会资助出版

典亮世界丛书

《道法自然　天人合一》，彭富春　编著

《天下为公　大同世界》，干春松、宫志翀　编著

《自强不息　厚德载物》，温海明　主编

《民惟邦本　本固邦宁》，颜炳罡　编著

《为政以德　政者正也》，姚新中、秦彤阳　编著

《革故鼎新　与时俱进》，田辰山、赵延风　编著

《脚踏实地　实事求是》，杜保瑞　编著

《经世致用　知行合一》，康　震　主编

《集思广益　博施众利》，章伟文　编著

《仁者爱人　以德立人》，李存山　编著

《以诚待人　讲信修睦》，欧阳祯人　编著

《清廉从政　勤勉奉公》，罗安宪　编著

《俭约自守　力戒奢华》，秦彦士　编著

《求同存异　和而不同》，丁四新　等　编著

《安不忘危　居安思危》，吴根友、刘思源　编著

国际儒学联合会·典亮世界丛书

清廉从政
勤勉奉公

罗安宪 编著

人民出版社

出 版 说 明

2014 年 9 月 24 日，习近平主席在纪念孔子诞辰 2565 周年国际学术研讨会暨国际儒学联合会第五届会员大会开幕会上的讲话中，提出了包括儒家思想在内的中国优秀传统文化中蕴藏着解决当代人类面临的难题的重要启示："关于道法自然、天人合一的思想，关于天下为公、大同世界的思想，关于自强不息、厚德载物的思想，关于以民为本、安民富民乐民的思想，关于为政以德、政者正也的思想，关于苟日新日日新又日新、革故鼎新、与时俱进的思想，关于脚踏实地、实事求是的思想，关于经世致用、知行合一、躬行实践的思想，关于集思广益、博施众利、群策群力的思想，关于仁者爱人、以德立人的思想，关于以诚待人、讲信修睦的思想，关于清廉从政、勤勉奉公的思想，关于俭约自守、力戒奢华的思想，关于中和、泰和、求同存异、和而不同、和谐相处的思想，关于安不忘危、存不忘亡、治不忘乱、居安思危的思想，等等。"习近平主席的重要讲话高屋建瓴，视野宏大，思想深邃，深刻阐明了中华优秀传统文化为人们认识和改造世界提供的有益启迪，为治国理政提供的有益启示，为道德建设提供的有益启发，对传承弘扬中华优秀传统文化具有长远的根本的指导意义。

为把学习贯彻落实习近平主席这一重要讲话精神进一步引向

深入，国际儒学联合会与人民出版社共同策划了"典亮世界丛书"。丛书面向对中华文化感兴趣的海内外读者，以习近平新时代中国特色社会主义思想为指导，结合新时代中国的治国理政实践，由在中华传统文化领域深耕多年的学者担纲编写，从浩如烟海的中华典籍中精选与这十五个重要启示密切相关的典文，对其进行节选、注释、翻译和解析，赋予其新的涵义，以帮助读者更好地理解中华优秀传统文化之于当代中国的价值，为解决当代人类面临的难题提供中国方案，让中国优秀传统文化同世界各国优秀文化一道造福人类！

我们应秉持历史照鉴未来的理念，传承创新包括儒学在内的中华传统文化，把那些跨越时空、超越国度、具有当代价值的文化精神弘扬起来，倡导求同存异，消弭隔阂，增进互信，促进文明和谐共生，弘扬和平、发展、公平、正义、民主、自由的全人类共同价值，为共创后疫情时代美好世界、推动构建人类命运共同体而努力。

国际儒学联合会、人民出版社

2022 年 4 月

目 录

引　言

西周晚期，周幽王无道，王室政治危机持续加剧。公元前770年，周平王迁都于洛邑，周朝转为东周时期。《史记·周纪》曰："平王之时，周室衰微，诸侯强并弱，齐、楚、秦、晋始大，政由方伯。"公元前681年，齐桓公第一次会盟诸侯，标志着晚周时代之开始。孔子曰："天下有道，则礼乐征伐，自天子出；天下无道，则礼乐征伐，自诸侯出。"晚周时代，是个礼崩乐坏的时代，也是诸子蜂起、百家争鸣的时代。诸子百家所讨论的核心话题正是关于国家社会的问题，其中很重要的内容正是国家政治生活的问题。所以，关于如何为政，为政者、从政者该当如何，一直是诸子百家所讨论的重要问题。

儒家大体将为政者分成三个层次。最高层次是执政者，包括诸侯国的国君，以及实际的执政者，所谓圣人、大人、君，大体是指这些人。第二层次是政治活动的参与者，即为政者，是高级政治人士，所谓君子，大体是指这样一些人。"君子"一词在孔子之前主要是一政治用语，是指有地位的人。孔子赋予"君子"一词新的意涵，即品德高尚的人也是君子。但孔子并没有放弃"君子"一词原有的意义，这两种意思常常并有并用。第三个层次是政治活动的实际执行者，亦即从政者，是一般从事政治活动的人物，所谓士，大体是指这样一些人。

　　不管是执政者，是为政者，还是从政者，儒家认为都应当正直、廉洁、勤勉，都应当为政以正，为政以廉，都应当勤勉奉公。

　　关于为政以正。为政以正，是儒家最为强调的。孔子曰："政者，正也。"政治的根本是执政者、为政者要端正。政，就字形上讲，是正与文相加。文是文典，是典章、制度、规范；正是正直、端正。典章制度是外在的机构、机制，而执政者、为政者本人的正直、端正，执政者、为政者本人的德性，才是根本，是关键。

　　这样一种思想，其实有深厚的历史渊源。成文于西周初期的《易经》，已经有这样的思想。《周易·坤·六二》曰："直方大，不习无不利。"直为正直，方为端静，又有坚持原则的意思，大为盛大。正直是一种良好的品德，有这种品德的人，自然不会遇到困难，自然一切都会顺利，所以说："不习无不利"，无需修习而没有什么不利。做官从政，首先就要正直，正直是官员所要具备的基本品德。《周易·文言》曰："君子敬以直内，义以方外。"直是"敬以直内"，是内心正直、有原则，是时刻保持恭敬心；方是"义以方外"，是接人待物以原则为标准。敬、直、义、方是君子的原则，而在儒家的心目中，君子不仅是品德高尚的人，也是政治人物，是政治活动的主体。

　　为政以正，对于执政者而言，对于高级政治人物而言，强调的是以身作则。"季康子问政于孔子，孔子对曰：'政者，正也。子帅以正，孰敢不正？'"在孔子看来，政治的根本是君主的端正，统治者本人要给大家起一个好的模范作用，只要统治者本人正直、端正，谁还敢不端正？所以，孔子又说："其身正，不令而行；其身不正，虽令不从。"当政者自己身正行端，不用发号施令，事情也会顺利执行；其本身行为不端正，即使再三令五申，老百姓也不会听从。"君子之德风，小人之德草。草上之风必偃。"君子可以引领一种风气，而人民必然受这种风气影响。执政者端正了自己，不仅为民众树立了良好的榜样，可以引领良好的社会风气，也才可以有资格去要求并纠正别人。《大学》说："君子有诸己而后求诸人，无诸己而后非诸人。"作为当政者，自己做到了，才能要求他人做到；自己没做到，就没法要求别人。孟子说："枉己者，未有能直人者也。"自己不正且不主动纠正的人，又怎么能正人？又怎么能要求下级端正呢？

为政以正，就要举荐任用正直的人从事政治。孔子对他的学生樊迟说："举直错诸枉，能使枉者直。"樊迟不明白，就去问他的同学子夏，子夏给他举例说："舜有天下，选于众，举皋陶，不仁者远矣。汤有天下，选于众，举伊尹，不仁者远矣。"皋陶、伊尹是古代有名的贤臣，是思想端正、行为正派之正人君子。舜将皋陶提拔起来，汤将伊尹提拔起来，委他们以重任，这就是"举直错诸枉"。原来那些佞邪之人看到正人当道，也就放弃了邪念，而开始做正人君子，这就是"能使枉者直"。

为政以正，对于君臣关系而言，就是以道事君。孔子说："所谓大臣者：以道事君，不可则止。"在孔子看来，君臣关系不仅是一种上下级的关系，同时也是一种道义的关系。大臣不只是承担着某项工作，而是同时也担负正义与道义，大臣是志坚意正可堪大任之臣，所以，大臣以道事君。不能以道事君，大臣就可以辞职。孔子说："贤者辟世，其次辟地，其次辟色，其次辟言。"辟就是逃避、躲避，就是不与不仁不义之君为伍。孔子还说："邦有道，贫且贱焉，耻也；邦无道，富且贵焉，耻也。"孔子认为，人们可以求富贵，但不能无原则地求富贵。国家有道，政治清明，自己仍然贫且贱，这是可耻的；然而，国家无道，政治昏暗，自己却富且贵，这同样也是可耻的。在孔子看来，"君子之于天下也，无适也，无莫也，义之与比。"强调道义，以行道义为根本，是儒家学说的底色。君子之做官，不是为君主做事，而是行义，而是践行道义。正因为此，孔子提倡："笃信好学，守死善道。危邦不入，乱邦不居。天下有道则见，无道则隐。"孔子特别注重一个人的学习，孔子认为自己品格中最重要的因素就是好学。"十室之邑，必有忠信如丘者焉，不如丘之好学也。"又赞美颜渊好学，"有颜回者好学，不迁怒，不贰过。"所以，孔子认为，"笃信好学"是人格养成关键性的一步，而"守死善道"则更为关键，这是操守。"危邦不入，乱邦不居"，也是操守，所以，孔子更强调一个人的操守。"有道则显，无道则隐"，是君子的自我保护。孔子不赞成与恶势力做无谓的斗争，所以，孔子虽然讲"乱邦不居"，但他提倡"无道则隐"。

为政以正，以道事君，对于从政者而言，就不能只是顺从，而要敢于格君非。荀子曰："忠信而不谀，谏争而不谄，挢然刚折，端志而无倾侧之心，是案曰是，非案曰非。"臣对于君，不能只是奉迎，更不能一味阿谀，而应当忠诚守信而不阿谀奉承，劝谏苦诤而不谄媚取悦，可以坚决与君主争辩，思想端正而无歪斜心思，对的就说对，不对的就说不对。《吕氏春秋》也有这样的思想："君子之自行也，动必缘义，行必诚义。"君子之行为，必以合乎道义为基本原则，必以守仁行义为自己的基本职责。

关于为政以廉，首先强调的是廉洁。孔子认为："富与贵，是人之所欲也，不以其道得之，不处也；贫与贱，是人之所恶也，不以其道得之，不去也。"发财、做官，这是人人所盼望的，但是用不正当的方式得到它，这样的富与贵是不可接受的；贫困以及身份低下，这是人人所厌恶的，但是用不正当的方式摆脱它，这种脱离贫与贱的方式也是不可接受的。求富贵不能不择手段，要遵循基本的道义。摆脱贫贱是人之常情，但是不能择手段，要遵循基本的道义。人首先要遵道、守道，不道的事情，无论对人多么有利，也绝对不能做。做人首先要有原则，违背原则的事绝对不能做。对于国家工作人员而言，首先是廉，其次是勤。勤而不廉，即是大错误。

季康子患盗，问于孔子，孔子对曰："苟子之不欲，虽赏之不窃。"季康子为鲁国执政大夫时期，鲁国盗贼猖獗，季康子很是担忧，请教孔子如何处置，孔子回答说：这可能都是由于阁下之多欲而造成的，如果阁下没有那么多的欲望、欲念，就是奖赏老百姓为盗，老百姓也不会做。孔子强调执政者不应当心存私欲，而应当保持清正廉洁的心理态度。在孔子看来，执政者私欲多，必不能做到公正廉洁，所以从事政治的人，一定不可以多欲。孔子甚至把"不欲"当成人格完成的标志之一。子路问孔子什么是成人，孔子回答说："若臧武仲之知，公绰之不欲，卞庄子之勇，冉求之艺，文之以礼乐，亦可以为成人矣。"孔子的思想学说，对后代有深刻的影响。孟子讲："养心莫善于寡欲。其为人也寡欲，虽有不存焉者，寡矣；其为人也多欲，虽有存焉者，寡矣。"为政之人，首先要做到清正廉洁，而要做到清正廉洁，首要的是没有私欲之心。儒家认为，士之修养，必须从养廉开始，养廉必须从寡欲开始。一个人私欲少，必然廉。所以，修养身心没有比减损私欲更好的方法了。个体修养是如此，为官从政更是如此。

为政以廉，就要懂得"见利思义"。孔子曰："见利思义，见危授命，久要不忘平生之言，亦可以为成人矣。"在孔子看来，君子义以为上，见到利益首先想到合不合乎道义，遇到危机敢于付出生命，处于长时期贫困之中，仍然这样不忘记自己平日里所许下的诺言。这样的人也可以说是人格健全之人了。"见利思义"，强调在利益面前首先应当考虑合不合乎道义。"邦有道，谷；邦无道，谷，耻也。"国家有道，政治清明，做官领俸禄，没有问题；国家无道，政治昏暗，也做官领俸禄，这就是羞耻。在孔子看来，政治人物，首先要端正，思想言行要正派，要依道而行；其次要知耻，要知道什么事情是绝对不能做的。把这两个方面结合起来，就是廉正，就是清廉正直。

为政以廉，其要义是不贪。孟子说："非其义也，非其道也，禄之以天下，弗顾也；系马千驷，弗视也。非其义也，非其道也，一介不以与人，一介不以取诸人。"不合乎义的，不合乎道的，即使将整个天下当成俸禄献给他，他也不会看一眼；即使有四千匹马系在那里，等他来取，他也不会回头望一望；不合乎义的，不合乎道的，一根草也不给人，一根草也不会从人那里取。做人要讲道义，为官更要讲道义。而为官之道的根本就是依义而行而不贪。所以孟子又说："士穷不失义，达不离道。"士人穷困时，不失去义，显达时，不背离道。得志时施恩惠于百姓，不得志时，修养身心以为百姓树立榜样。

为政以廉，强调为政者要有不可移易的节操。《吕氏春秋》曰："凡论人，通则观其所礼，贵则观其所进，富则观其所养，听则观其所行，止则观其所好，习则观其所言，穷则观其所不受，贱则观其所不为。"大凡品评、衡量人，通达时观察其礼遇何人，尊贵时观察其推荐何人，富裕时观察其赡养何人，听进言时观察其采纳何种，闲居时观察其所爱好，日常生活观察其所言，穷困时观察其不接受什么，贫贱时观察其所不为。孔子曾说："贫而无怨难，富而无骄易。"一个人，身处危难而不取不义之财，身处危难而能保持操守，是难能可贵的，而对于为政者来说，则显得更为可贵。士之为士，最为重要的不是才能，而是节操。士最不可丢失的正是节操。

关于勤勉奉公。为政者不仅要廉正，还要勤勉。曾子曰："士不可以不弘毅，任重而道远。仁以为己任，不亦重乎？死而后已，不亦远乎？"士不可以不刚强而有毅力，因为他责任重大，行程遥远。以行仁为己任，责任能不重大吗？到死方可结束，行程能不遥远吗？士是低于大夫的职业性人才，主要从事职业性、专业性或管理性的工作。士与农、工、商不同，他不直接创造财富，不是生产性人员。国家管理、社会管理的主要群体，就是士。关于士，孟子有一句名言："无恒产而有恒心者，唯士为能。"士最可贵的就是操守，就是品德。曾子说"士不可以不弘毅"，不可以没有刚强而果断的意志力，因为"任重而道远"，之所以任重道远，是因为他们"仁以为己任"，是因为他们"死而后已"。曾子与孟子都强调士的品格，曾子还强调士的意志力。"仁以为己任"，以行仁为己任，这是一种责任；"死而后已"，到死其任务方可结束，这是一种操守。

早在周代初年，《易经》已经有非常明确的勤勉意识。乾卦九三爻辞曰："君子终日乾乾，夕惕若厉，无咎。"乾的品性是健。乾乾，即健而又健。君子时时刻刻保持刚健自强的姿态，永远保有忧患意识与危机意识，这样的人是不会有祸患的。忧患意识是安而思危，危机意识是不懈惰而时刻保持警惕。一个人，时刻保持积极刚健的姿态，永远保有忧患意识与危机意识，又怎么会有危机与祸患呢？做人如此，作为一个服务于公共事业的公职人员，当然更应当如此。谦卦九三爻辞曰："劳谦，君子有终，吉。"勤劳而有功劳又很谦逊，这样的君子一定有好结果，因此吉祥。谦是美德，做人低调，谦逊，不仅会赢得别人的尊重，也会得到别人的帮助，所以，做事不难，逢凶化吉。孔子的先祖正考父辅佐宋戴公、武公、宣公，地位越来越显赫，但从不自满。家庙鼎有铭文曰："一命而偻，再命而伛，三命而俯，以循墙而走。"（《春秋左传》昭公七年）随着地位的不断提高，走路时头越来越低了，以至于顺着墙根走路。正因为谦逊、低调，又加之勤劳，所以，"君子有终"，这样的君子必定会有一个好结果。

《尚书·舜典》甚至有对于贵族弟子教育的理论。"夔！命汝典乐，教胄子，直而温，宽而栗，刚而无虐，简而无傲。"胄子即是贵族长子，是将来继承爵位、管理国家社会事务的人，是国家公务员的后备队伍。对于贵族子弟，也就是国家管理人才的教育，舜提出的要求是：正直而温和，宽容而庄重，刚毅而不暴虐，简约而不傲慢。这应当是中国历史上第一次关于国家公务员教育标准的内容，这一内容现今仍然具有意义。

勤勉奉公，强调为政者需要不断提升自己。儒家强调人的自我完善、自我进步、自我成长。曾子曰："吾日三省吾身：为人谋而不忠乎？与朋友交而不信乎？传不习乎？"强调的就是人的自我完善与自我成长。由于强调的是人格的自我成长与自我完善，所以，对于别人如何看我，儒家是忽视的。孔子说："人不知而不愠，不亦君子乎？"又说："不患人之不己知，患不知人也。"不要担忧别人不了解你，只担心你误解了别人。"不患人之不己知，患其不能也。"不要担忧别人误解了你，只担心你能力不够。孔子还说："不患无位，患所以立。"意思都是一致的。

勤勉奉公，强调为政者要敢于承担责任。孔子说："君子求诸己，小人求诸人。""求诸己"就是在自己身上找原因。遇到问题从自身找原因，"不怨天，不尤人"，不把问题原因归之于客观因素，不把责任推给他人，敢于承担责任，这是君子之行。相反，怨天、尤人，总是把问题原因归之于客观因素，总是把责任推之他人，这就是小人。求诸己还是求诸人，可以说是君子、小人最为鲜明的区别。对于一位从政者，特别是对于一位领导干部，敢于承担责任，更是一种必备的素质。遇到问题在自己身上找原因，通过反思、反省，就可以做到"下学而上达"，不断努力学习，刻苦磨炼，不断提高自己的思想境界和工作能力。这是孔子给我们指出的一条不断使自己进步的道路。

儒家的思想学说，自孔子确立以来，已经有两千多年的历史，其某些具体论述，具有历史的局限性，但其基本理论，特别是关于为政以正，为政以廉，勤勉奉公的理论，现今仍然具有重要的现实意义。政治人物的两个最重要的因素，一是正，是正直，是端正；

一是廉,是廉洁,是不贪。廉正守住了,就守住了底线。

　　本书所选材料,以《周易》《尚书》《礼记》《论语》《孟子》《荀子》为主,这些文献均是儒家思想学说最为重要的文献。《周易》《尚书》《礼记》是"五经"最为重要的文献,《礼记》中的《大学》《中庸》与《论语》《孟子》则是所谓的"四书"。这些文献最集中地体现了儒家的思想学说,也是儒家最为重要的经典。《周易》分为《易经》与《易传》,《易经》一般认为成书于周代初,而《易传》则被认为成书于战国末。虽然时代上有很大跨度,但思想内容却很一致。《荀子》虽然属于子学而非经学,但荀子实为儒家学派中地位仅次于孔子与孟子的代表人物,其影响非常之大。《吕氏春秋》为吕不韦组织门人所作,《淮南子》为刘安组织门人所作。这两部著作带有杂家的性质,但这种杂不是"杂而无章"之杂,而是广泛吸取各家思想之所长,其中论述政治人物的内容,更为主要的体现的是儒家的思想,故亦有所选取。

　　儒家思想学说丰富而广泛,要在有限的篇幅内充分展现其政治理论与政治学说,是至为困难的,但也可以借此而了解其大概。

第一篇

为政以正

政治最为根本的是从事政治活动的人，从事政治的人最为重要的品质是『正』。孔子曰：『政者，正也。』政治的根本是为政者要端正，要正直。作为执政者要正直，要给他人树立良好的榜样。执政者端正了自己，不仅为民众树立了良好的榜样，可以引领良好的社会风气，也才可以有资格去要求并纠正别人。为政以正，就要举荐任用正直的人，委他们以重任。而对于具体从事政治活动的人，儒家强调『以道事君』，对于君主，不能一味服从，更不能阿谀奉承，要敢于直谏，要敢于『格君非』，要能够『守死善道』。

直〔1〕方〔2〕大〔3〕，不习〔4〕无不利。

——《周易·坤·六二》

注释

〔1〕直：正直。

〔2〕方：端而静。

〔3〕大：盛大。

〔4〕不习：无需修习而自然。

译文

本性正直、端静而盛大，无需修习而没有什么不利。

解析

坤卦代表的是地、是母。坤之六二，阴位得阴爻，柔顺而中正。直、方、大，足以尽地道。直为正直，方为端静，又有坚持原则的意思，大为盛大。正直是一种良好的品德，孔子讲"人之生也直"，人生来本来正直，但由于社会与个人的原因，有的人不再正直。能够继续保持正直，并且坚持原则，待人真诚、大气、大度而大方，这样的人，待人处事，自然不会遇到困难，自然一切都会顺利，所以说："不习无不利"，无需修习而没有什么不利。做官从政，首先就要正直，正直是官员所要具备的基本品德。

清廉从政　勤勉奉公

含〔1〕章〔2〕可贞〔3〕，或从王事，无成有终。

——《周易·坤·六三》

注释

〔1〕含：蕴含。

〔2〕章：有文采。

〔3〕贞：正而固。

译文

天德蕴含文采并且贞固，可以为王侯做事，初始也许无成就，但最终必有功勋。

解析

含章可贞，是从事政治活动的人所必备的品格。含为蕴含，章为有文采，贞为正且固。蕴含有文采，贞正而且能固守贞正，有这种品格和能力的人当然最适合于为国家办事，为公众服务，故其曰："或从王事"，王事也就是国家事务，是所谓的公事。但是由于这样的人有才而且坚持原则，可能一开始并不能得到大家的谅解与支持，所以，一段时间内也许"无成"，没有什么成就，但是随着时间的推移，他必定得到大家的理解、尊重与拥护，一定能够取得很高的成就，故曰"有终"，有一个好结果，最终必然取得大的功勋。为政者首先应当思想端正，品格正直。

君子敬以直内〔1〕，义以方外〔2〕，敬义立而德不孤〔3〕。

——《周易·文言》

注释

〔1〕敬以直内：恭敬由于内心之正直。

〔2〕义以方外：接人待物遵守原则而其原则以义为准。

〔3〕孤：陋。

译文

君子待人恭敬有加，而其恭敬出于内心之正直，接人待物遵守原则而其原则以义为准。敬义一旦确立，其德性就不再浅陋。

解析

这是《文言》解说坤卦六二爻辞的文字。《坤·六二》爻辞曰："直方大，不习无不利。"直是"敬以直内"，是内心正直、有原则，是时刻保持恭敬心；方是"义以方外"，是接人待物以原则为标准。君子以敬、以直、以义、以方为原则，而接人待物，不仅无不利，而且德性也就不再浅陋。"敬以直内，义以方外"，后来成为宋明理学所提倡的重要的修养功夫。直是直上直下，胸中无丝毫曲折，方是处事讲究原则，事事各得其宜。当政者、为政者，首要的思想品格，即是正直、端正。

清廉从政　勤勉奉公

15

子谓子产〔1〕："有君子之道四焉：其行已也恭，其事上也敬，其养民也惠，其使民也义。"

——《论语·公冶长》

注释

〔1〕子产：公孙侨，字子产，郑国执政大夫。

译文

孔子评论子产，"有四项行为合乎君子之道，要求自己仪容端庄，对待国君认真负责，用惠民政策教养民众，依循道义以役使民众"。

解析

"君子"一词在孔子之前主要是一政治用语，是指有地位的人。孔子赋予"君子"一词新的意涵，即品德高尚的人也是君子。但孔子并没有放弃"君子"一词原有的意义，这两种意思常常并有并用。孔子评价子产有君子之道，仪容端庄，对国君认真负责，用惠民政策教养民众，依循道义役使民众，这里有恭、有敬、有惠、有义。恭、敬、惠、义，也是执政者基本品格的直接描写。执政者重要的不是能力，而是思想品德。子产是郑国执政大夫，其一生公正廉洁，任劳任怨，为后世树立了光辉的榜样。

巧言〔1〕、令色〔2〕、足恭〔3〕，左丘明〔4〕耻之，丘亦耻之。匿怨而友其人，左丘明耻之，丘亦耻之。

——《论语·公冶长》

注释

〔1〕巧言：花言巧语。

〔2〕令色：伪善的容貌。

〔3〕足恭：过于恭敬。

〔4〕左丘明：春秋时期历史学家、文学家，著有《春秋左传》。

译文

花言巧语，伪善的容貌，过分恭敬，左丘明以为可耻，孔子也认为可耻。心里充满着对于此人的怨恨，但却把这种怨恨藏匿起来，对其表示友好，与他为友，这样的人，左丘明以为可耻，孔子也认为可耻。

解析

这是《论语》中孔子之语。孔子认为，人首先应当正直，"巧言、令色、足恭"，花言巧语，伪善的容貌，过分恭敬，都是不正直的表现，"匿怨而友其人"也是不正直的表现，并且甚至是可耻的。孔子强调"政者，正也"，又说"子帅以正，孰敢不正？"当政者首先应当是一个正直的人，要有端正的品格，要有正直的操守，要给民众起榜样的作用。

清廉从政 勤勉奉公

子游〔1〕为武城宰。子曰:"女得人焉耳乎?"曰:"有澹台灭明者,行不由径〔2〕,非公事,未尝至于偃之室也。"

——《论语·雍也》

注释

〔1〕子游:孔子学生,姓言,名偃,字子游。

〔2〕径:捷径,小路。

译文

子游担任武城的行政长官。孔子问他,"你那里有什么可以称道的人吗?"子游说:"有个叫澹台灭明的,走路不抄小道,不是公事,从不到我屋里来。"

解析

澹台灭明的事迹不可详考。子游是武城的行政长官,澹台灭明也是当地的行政官员。从这件事来看,澹台灭明是一个讲原则、坚持原则的,他走路不抄小道,不走捷径,说明他一定照章办事。他把公事与私事区别开来,从来不找领导办私事。能够把这两点坚持下来,说明他又是一个廉洁奉公的人。坚持原则,公私分明,廉洁奉公,是国家工作人员的基本品质。澹台灭明可贵的正是这种品质,子游欣赏的正是这种品质,儒家倡导的也正是这样一种品质。

孟之反[1]不伐[2]，奔[3]而殿[4]，将入门，策其马，曰："非敢后也，马不进也。"

—— 《论语·雍也》

注释

〔1〕孟之反：鲁国大夫，姓孟，名子侧，字之反。

〔2〕伐：夸耀。

〔3〕奔：败退。

〔4〕殿：行军中最后的队伍。

译文

孟之反是个不夸耀的人，有一次，他所在的部队打了败仗，部队撤退时，孟之反行走在最后。但是，当部队快要进入城门时，他用策赶着马，并且说："不是我敢于殿后，而是我的马没有你的马跑得快。"

解析

孟之反的事迹不可详考。在《论语》中，孔子主动提及某个人的事例并不是很多。而孔子专门讲"孟之反不伐"，表明孔子对于孟之反之所作所为特别在意。孟之反的主要品格就是"不伐"，即不夸耀。打了败仗，部队撤退，孟之反主动留在最后，这是在掩护大家。但是，当部队快要进入城门而绝对安全的时候，孟之反却不愿落下一个保护部队撤离这样一种印象，甚至于他给别的人台阶下，告诉他们：并不是我勇敢，并不是我主动殿后保护大家，而是我的马没有你的马跑得快。明明是做了一件非常了不起的事，但却不愿意留下做好事的名声。孟之反以他的事迹，具体诠释了什么是"不伐"，什么是做好事不留名。联系到现在，不少官员喜欢做表面文章，而不切切实实做事，做任何事都是为了"政绩"，都是为了得到进一步升迁的资本，都是为了炫耀，这和孟之反恰恰形成了反面。老子说："自伐者无功，自矜者不长。"其实，自我炫耀的人是不可能进步的，也是不可能达到其目的的。

笃〔1〕信好学，守死善道。危邦不入，乱邦不居。天下有道则见〔2〕，无道则隐。

—— 《论语·泰伯》

注释

〔1〕笃：坚定不移。

〔2〕见：现。

译文

坚定自己的信念，努力学习，不断进步，用生命维护道德良知。不进入危机四伏的国家，不居住祸乱丛生的国家。天下有道，则出来做事；天下无道，则隐居于民间。

解析

这是《论语》中孔子的话。孔子特别注重一个人的学习，孔子认为自己品格中最重要的因素就是好学。"十室之邑，必有忠信如丘者焉，不如丘之好学也。"又赞美颜渊好学，"有颜回者好学，不迁怒，不贰过。"所以，孔子认为，"笃信好学"是人格养成关键性的一步，而"守死善道"则更为关键，这是操守。"危邦不入，乱邦不居"，也是操守，所以，孔子更强调一个人的操守。"有道则显，无道则隐"，是君子的自我保护。孔子不赞成与恶势力做无谓的斗争，所以，孔子虽然讲"乱邦不居"，但他提倡"无道则隐"。历史上伯夷、叔齐不食周粟，饿死在首阳山下；孔子赞扬史鱼："直哉史鱼！邦有道，如矢；邦无道，如矢"，这是"守死善道"的典型。

但孔子又主张不与恶势力直接斗争，主张"有道则显，无道则隐"。所以孔子又称赞南容"邦有道，不废；邦无道，免于刑戮"，称赞蘧伯玉"君子哉蘧伯玉！邦有道，则仕；邦无道，则可卷而怀之。"在孔子这里，"守死善道"与"无道则隐"并不矛盾。"守死善道"也要注意自我保护，"无道则隐"就是自我保护。

邦有道，贫且贱焉，耻〔1〕也；邦无道，富且贵焉，耻也。

——《论语·泰伯》

注释

〔1〕耻：以此为耻。

译文

国家有道，政治清明，自己仍然贫且贱，这是可耻的；国家无道，政治昏暗，自己却富且贵，这也是可耻的。

解析

这是《论语》中孔子所言。孔子认为人要知耻，不能不知耻。孔子认为，富与贵，是人之所欲也；贫与贱，是人之所恶也。但孔子认为不能无原则地求富贵。国家有道，政治清明，自己仍然贫且贱，这是可耻的；然而，国家无道，政治昏暗，自己却富且贵，这同样也是可耻的。知耻，就是要保持节操，坚持原则。为政者首要的是节操，是正直的品德，而不能无原则地求富贵。

主忠信，毋友〔1〕不如己者，过则勿惮〔2〕改。

——《论语·子罕》

注释

〔1〕毋友：不与其为友。

〔2〕惮：畏难。

译文

君子修德，以忠与信为主，不与不如自己的人做朋友，有过失，则不要有畏难情绪，要敢于改正。

解析

这是《论语》中孔子所言。这句话在《学而》篇中也出现过，但却用的是"无有不如己者"。"无"是客观表述，"勿"是主观上的禁止。孔子还讲"非礼勿视，非礼勿听"等，按孔子之意，当是"勿友不如己者"，而不能是"无友不如己者"。君子修德，以忠信为第一要务。此外，孔子强调交友要慎。因为，"益者三友，损者三友"。"友直，友谅，友多闻，益矣。友便辟，友善柔，友便佞，损矣。""友直，友谅，友多闻"，对一个人是有利的；而"友便辟，友善柔，友便佞，损矣"。孔子说"毋友不如己者"，是要人与"友直，友谅，友多闻"者交朋友，而不是与"友便辟，友善柔，友便佞"者交朋友。

所谓大臣〔1〕者：以道事君，不可则止。

——《论语·先进》

注释

〔1〕大臣：志坚意正可堪大任之臣。

译文

所谓可堪大任之臣，是以道义为根本效力于国君，如此如果行不通，他宁可不做臣。

解析

这是《论语》中孔子所言。在孔子看来，君臣关系不仅是一种上下级的关系，同时也是一种道义的关系。大臣不只是承担着某项工作，而是同时也担负正义与道义，大臣是志坚意正可堪大任之臣，所以，大臣以道事君。不能以道事君，大臣就可以辞职。孔子说："贤者辟世，其次辟地，其次辟色，其次辟言。"辟就是逃避、躲避，就是不与不仁不义之君为伍。孔子还说："邦无道，富且贵，耻也。"国家无道，政治昏暗，仍然任职做官，身居高位，这是可耻的。孟子也有这样的思想，在孟子看来，"有官守者，不得其职则去；有言责者，不得其言则去。"这就是"以道事君，不可则止。"其实庄子也有这样的思想。如其言："臣之事君，义也。"君臣关系是道义关系，臣事君不是求富贵，而是"以道事君"。"以道事君"是君臣关系的根本。

季康子〔1〕问政于孔子，孔子对曰："政者，正也。子帅以正，孰敢不正？"

——《论语·颜渊》

注释

〔1〕季康子：季桓子之子，鲁国执政大夫。

译文

季康子向孔子问询何以为政，孔子对曰："政治的根本是君主的端正，您端正自己，率领大家走正道，谁敢不端正？"

解析

孔子认为，政治的根本是执政者要端正。政，就字形上讲，是正与文相加。文是文典，是典章、制度、规范；正是正直、端正。典章制度是外在的机构、机制，而执政者本人的正直、端正，执政者本人的德性，才是根本，是关键。所以，孔子说："为政以德，譬如北辰，居其所而众星拱之。"北辰居其所而不动，而众星围绕其旋转。所以，关键还是执政者本人要正直、要端正，要给大家起一个好的模范作用。"子帅以正，孰敢不正"。只要统治者本人正直、端正，谁还敢不端正。"政者，正也"，是孔子以至于儒家政治学说的根本。

举〔1〕直错〔2〕诸枉，能使枉者直。

——《论语·颜渊》

注释

〔1〕举：提拔，任用。

〔2〕错：置于。

译文

提拔任用正直之人，使其地位在佞邪之人之上，就能使佞邪之人成为正人君子。

解析

这是《论语》中孔子所言。樊迟问孔子什么是仁？孔子回答"爱人"，樊迟问孔子什么是智，孔子回答"知人"。樊迟不明白，孔子说："举直错诸枉，能合枉者直。"樊迟还是不明白，他就去问子夏。子夏告诉他："舜有天下，选于众，举皋陶，不仁者远矣。汤有天下，选于众，举伊尹，不仁者远矣。"皋陶、伊尹是古代有名的贤臣，是思想端正、行为正派之正人君子。舜将皋陶提拔起来，汤将伊尹提拔起来，委他们以重任，这就是"举直错诸枉"。原来那些佞邪之人看到正人当道，也就放弃了邪念，而开始做正人君子，这就是"能使枉者直"。"举直错诸枉"，是儒家用人之道的根本，这一根本就是尚贤、重贤，这一根本甚至是儒家的政治理想。《礼记·礼运》曰："大道之行也，天下为公，选贤与能，讲信修睦。""举直错诸枉"，就是"选贤与能"的具体落实。

清廉从政　勤勉奉公

其身正，不令〔1〕而行；其身不正，虽令不从。

——《论语·子路》

注释

〔1〕令：发号施令。

译文

身处高位的人自己身正行端，不用发号施令，事情也会顺利执行；其本身行为不端正，即使再三令五申，老百姓也不会听从。

解析

这是《论语》中孔子之言。孔子认为执政者的思想言行会给民众起到示范作用，所谓"政者，正也。子帅以正，孰敢不正?"执政者思想行为端正，就给老百姓树立了典范。所谓"君子之德风，小人之德草。草上之风必偃"。君子可以引领一种风气，而人民必然受这种风气影响。这里的君子纯粹是一个政治学的用语，指的是身处高位的人。当政者自己身正行端，不用发号施令，事情也会顺利执行；其自身行为不端正，即使再三令五申，老百姓也不会听从。

苟正其身〔1〕矣，于从政乎何有？不能正其身，如正人何？

——《论语·子路》

注释

〔1〕正其身：端正自己之思想言行。

译文

　　对于一个执政者而言，如果真的端正了自己的思想言行，治理国家又有什么困难呢？如果不能端正自己，又怎么可能使别人端正呢？

解析

　　这是《论语》中孔子之言。统治者首先要做正人君子，当政者首先应是正人君子，"政者，正也"，"为政以德"，是孔子政治哲学的核心。对于政治人物而言，首先应当是端正自己的思想行为。所以，孔子对季康子讲"子帅以正，孰敢不正？"又讲"君子之德风，小人之德草"。教导季康子作为执政者，首先要端正自己。在孔子看来，如果真的端正了自己的思想言行，治理国家又有什么困难呢？如果不能端正自己，又怎么可能使别人端正呢？又怎么可能营造良好的社会风气呢？

樊迟〔1〕问仁，子曰："居〔2〕处恭，执事敬，与人忠。虽之夷〔3〕狄〔4〕，不可弃也。"

——《论语·子路》

注释

〔1〕樊迟：孔子弟子，姓樊，名须，字子迟。

〔2〕居：日常生活。

〔3〕夷：东方落后部族。

〔4〕狄：北方落后部族地。

译文

樊迟问什么是仁，孔子回答说："日常生活保持恭敬的态度，办事认真而一丝不苟，帮人做事而尽心尽力。即使到了文化落后的地方，这种态度也不能放弃。"

解析

樊迟向孔子问仁，按《论语》所记，共有两次。这应该是第二次。第一次孔子回答"爱人"。仁即是爱人，这就是我们现在经常说的"仁者，爱人"。仁即是爱人，思想深刻，是孔子仁学的基本内容。而这一深刻的思想，樊迟一下子不能明白。所以，樊迟第二次问什么是仁。孔子这次的回答非常具体："居处恭，执事敬，与人忠"。这是一种为人处世的态度，而这种态度表现的是对于他人的尊敬与关爱，所以不简单只是一种态度，这就是仁。这种对于他人的尊敬与关爱，是发自内心的，是真诚的，而不是做出来给人看的，所以，才有"虽之夷狄，不可弃也"的说法。儒家强调的是人的自我完善，正像曾子所言："吾日三省吾身，为人谋而不忠乎？与朋友交而不信乎？传不习乎？"这是人的自我完善，不是做出来给人看，更不是出于与他人的利益上的交换。孔子教人恭、敬、忠，一个执政者、当政者，当然更应当恭、敬、忠。

邦有道，危〔1〕言危行；邦无道，危行言孙〔2〕。

——《论语·宪问》

注释

〔1〕危：端正，正直。

〔2〕孙：逊，谦卑。

译文

国家有道而政治清明，言语正直，行为正直；国家无道而政治昏暗，行为正直，言语谦卑。

解析

这是《论语》中孔子之言。孔子强调当政者必须为人正直、正派。"政者，正也"。所以，邦有道，则仕；邦有道，则"危言危行"，即言语正直，行为正直。邦无道，则不能仕。邦无道也做官、拿俸禄，在孔子看来，是可耻的。但孔子并不赞成与恶势力作针锋相对的斗争。《论语·公冶长》篇记载了孔子对南容的评价："子谓南容：邦有道，不废；邦无道，免于刑戮。"南容在邦有道时，其言语可以被采用；在邦无道时，他也可以能够保护好自己。孔子对于南容的为人，是持肯定态度的。所以，孔子说，在国家无道政治昏暗的时代，我们一个人要做到行为正直，但是言语要谦卑。

言忠信，行笃敬，虽蛮〔1〕貊〔2〕之邦行矣；言不忠信，行不笃敬，虽州里行乎哉？

——《论语·卫灵公》

注释

〔1〕蛮：南方落后部族。

〔2〕貊：东北方落后部族。

译文

言语忠诚实在，行为厚道庄重，即使到文化落后的部族区城，也一定行得通；言语不忠诚实在，行为不厚道庄重，即使在华夏大地，能够行得通吗？

解析

这是《论语》中孔子之言。人之思想、意识、品格，由其言行而见出。言语所要强调的是与思想意识的一致，这就是忠、信。忠，是尽心，是竭诚；信，是说到做到。行为是所做的事，是思想言语的落实。行为强调的是笃敬，即厚道、庄重。在孔子年来，"言忠信，行笃敬"，可以畅行天下，即使到文化落后的部族区域，也一定行得通；而"言不忠信，行不笃敬"，则寸步难行，即使在华夏大地，也注定行不通。做人如此，做一个从政者，当然更是如此。

直哉史鱼〔1〕！邦有道，如矢；邦无道，如矢。

——《论语·卫灵公》

注释

〔1〕史鱼：卫国大夫，姓史，名鳅，字子鱼。

译文

史鱼真是一个正直的人啊！国家有道政治清明，他像箭一样正直；国家无道而政治昏暗，他也像箭一样正直。

解析

这是《论语》中孔子之言。孔子认为从政者最根本的是人要正直。孔子赞叹史鱼，是一个正直的人，邦有道，他正直如矢；邦无道，他也正直如矢。正直，并不意味着与邪恶势力对着干。孔子并不赞同与邪恶势力对着干，孔子赞扬南容"邦无道，免于刑戮"，又讲"邦无道，危言行孙"。邦无道时，还是要保护好自己。其实庄子也有类似的思想，在庄子看来，"古之至人，先存诸己而后存诸人。所存于己者未定，何暇至于暴人之所行！"我们必须首先存在、生存，然后才可能做要做的事。但这里的生存并不意味着同流合污，而是"免于刑戮"，而是"危言行孙"。

君子哉蘧伯玉[1]！邦有道，则仕；邦无道，则可卷而怀之。

——《论语·卫灵公》

注释

〔1〕蘧伯玉：卫国大夫，名瑗，字伯玉。

译文

蘧伯玉真是一名君子啊！国家有道政治清明，他就出来做官；国家无道政治昏暗，他就把自己的本领收藏起来。

解析

这是《论语》中孔子之言。孔子赞同人可以求富贵，邦有道，可以仕，可以禄。而且从"修身以安人""修己以安百姓"来看，孔子认为在邦有道时，应该出仕做官。但是，在邦无道时，继续做官、取禄，孔子认为这是不允许的，是无耻的表现。"邦无道，富且贵，耻也。""邦无道，谷，耻也。"但孔子又不赞同与恶势力作针锋相对的斗争。蘧伯玉于邦无道时把自己的本领收藏，南容在邦无道时能够做到免于刑戮，孔子是赞同的。

清廉从政　勤勉奉公

亲于〔1〕其身为不善者，君子不入也。

——《论语·阳货》

注释

〔1〕亲于：亲自。

译文

亲自参与做坏事，这样的人，君子是不会去他那里的。

解析

这是《论语》中孔子之言。做好事而不做坏事，这是君子的基本要求，也是从政者的基本要求。亲自做坏事，这样的人，儒家不原谅，孔子也不原谅。所以，君子不会与这样的坏人为伍。人可以做错事，但是不可以"二过"，即第二次做同样的错事。人不可以做坏事，更不能亲自做坏事。执政者、从政者从普通人要做更多的事，甚至更大的事，更应当强调不能做坏事，不能亲自做坏事。

柳下惠〔1〕为士师〔2〕，三黜。人曰："子未可以去乎？"曰："直道而事人，焉往而不三？枉道而事人，何必去父母之邦？"

——《论语·微子》

注释

〔1〕柳下惠：鲁国大夫，姓展，名获，字禽，谥惠，食邑在柳下。

〔2〕士师：法官。

译文

柳下惠做法官，多次被撤职。有人对他说："可不可以离开鲁国呢？"柳下惠说："遵循正道待人做事，到哪里不总被撤职吗？不遵循正道待人做事，又何必离开自己的祖国呢？"

解析

孔子认为从政者的基本素质应当是正直，孔子教导季康子要正，孔子赞美史鱼直，其意义即是如此。柳下惠做法官，多次被免职，他不会因为免职而有怨言，更不会因为免官而离开本国，因为在他看来，遵循正道待人做事，到哪里可能都要被撤职；不遵循正道待人做事，又何必离开自己的祖国呢？认为"直道事人"是为官的根本。做官办事，就是要公正待人、公平办事。柳下惠以他的实际行动诠释了一个正直而清廉的官员所应当具有的姿态。

君子之仕〔1〕也，行其义也。

——《论语·微子》

注释

〔1〕仕：做官。

译文

有德行的君子做官做事，只是尽道义的责任。

解析

此《论语》中子路的话。儒家高举道义的旗帜，孔子认为邦有道，可以仕；而邦无道，则不可以仕。"邦无道，富且贵，耻也。"又说："天下有道则见，无道则隐。"在孔子看来，"君子之于天下也，无适也，无莫也，义之与比。"强调道义，强调"以道事君"，以行道义为根本，是儒家学说的底色。子路认为，"不仕无义"，"君子之仕也，行其义也。"君子之做官，不是为君主做事，而是行义，而是践行道义。子路的思想与孔子的思想是完全一致的，代表了儒家对于从政者的基本要求。

毋不敬，俨〔1〕若思，安定辞。

——《礼记·曲礼上》

注释

〔1〕俨：庄重，慎重。

译文

任何时候都不能不认真恭敬，凡事要慎重思考，说话要坚定而充满自信。

解析

人的外在表现分为两个方面，一是言，一是行。言与不言，态度要认真，仪容要端庄，遇到事件，要严肃认真地去思考，说话要充满自信而坚定。做人是如此，做官更应当如此。《论语·乡党》记载孔子："朝，与下大夫言，侃侃如也；与上大夫言，訚訚如也。君在，踧踖如也，与与如也。"侃侃，刚直；訚訚：中正而和蔼；踧踖：恭敬小心；与与：威仪中适。公务活动是严肃的政治活动，公务活动中，要保持恭敬、庄重、和蔼的态度，孔子给人们树立了典范。

清廉从政　勤勉奉公

39

正尔容，听必恭。毋剿说〔1〕，毋雷同。

——《礼记·曲礼上》

注释

〔1〕剿说：取人之说，以为己说。

译文

端正你的容貌，听取他人意见，一定要认真恭敬。不要抄袭别人的观点思想以为自己的，也不要与别人的观点完全雷同。

解析

作为国家工作人员，要端正你的容貌，要恭敬、认真。"毋剿说"，不要抄袭别人的观点思想以为自己的。两千多年前中国人已经有了这种不可抄袭他人观点的思想，想着真是令人佩服，这甚至可能是最早强调知识产权的说法。"毋雷同"，强调要有自己独立的见解，而不能人云亦云。为政者要积极认真，而不是消极怠工，而不是抱着得过且过的态度；为政者要有独立的思想观点，不能人云亦云，更不可抄袭他人的观点。这些理论，现在看来仍然具有价值和意义。

治国不以礼，犹无耜〔1〕而耕也；为礼不本于义，犹耕而弗种也；为义而不讲之以学，犹种而弗耨〔2〕也；讲之于学而不合之以仁，犹耨而弗获也；合之以仁而不安之以乐，犹获而弗食也。

——《礼记·礼运》

注释

〔1〕耜：农耕工具。

〔2〕耨：锄草。

译文

治理国家不用礼，就像没有农具却想耕地一样；实行礼但不以义为根本，就像耕了地而没有下种；以义为根本而不在学校里宣讲，就像种了地但不锄草一样；在学校里宣讲而不以仁为准则，就像耕种了却不收获；以仁为准则而不加之以乐使民得以安乐，就像收获了但却不食用一样。

解析

儒家强调仁、义、礼，并且认为应当将仁、义、礼结合起来。如何治国？治国也应当将仁、义、礼结合起来。这里以农业、农事为比喻，这个比喻很是贴切。仁、义、礼，是儒家思想的核心，治国靠的也是仁、义、礼，但更为重要的是必须这些要素紧密地结合起来，不能只执一端而不及其余。仁、义、礼之外，又增加了学与乐。孔子思想中确实有"兴于诗，立于礼，成于乐"及"志于道，据于德，依于仁，游于艺"等理论。"成于乐"，即认为人格的真正完成在于艺术活动；"游于艺"，则强调在道、德、仁之外，还须以艺术活动作补充。

致乐以治心，则易〔1〕、直〔2〕、子〔3〕、谅〔4〕之心油然生矣。易、直、子、谅之心生则乐，乐则安，安则久，久则天，天则神。

——《礼记·乐记》

注释

〔1〕易：平易。

〔2〕直：正直。

〔3〕子：慈爱。

〔4〕谅：守信。

译文

用音乐以修养人心，那么平易、正直、慈爱、守信之心就会油然而生。平易、正直、慈爱、守信之心生，就会给人带来快乐；人有了快乐感，就会身心安定；民众身心安定，国家就会维持久远；人心家定、国家久远，则合乎天；合乎天，则合乎神。

解析

儒家认为音乐之为音乐，除了好听之外，最重要的是音乐必须担负起改良人心的功能，"致乐以治心"。"治心"是更为重要的方面，是音乐所必须担负的社会历史功能，也是音乐之为音乐的根本所在。《礼记·乐记》说："声成文，谓之音"，"乐者，通伦理者也"。好听，还只是音；通伦理，才是乐。正因为此，"乐在宗庙之中，君臣上下同听之则莫不和敬；在族长乡里之中，长幼同听之则莫不和顺；在闺门之内，父子兄弟同听之则莫不和亲。"用音乐以修养人心，可以起到移风易俗的作用。"可以善民心，其感人深，其移风易俗。"儒家认为应当充分发挥音乐这样一种感化人心的作用。所以，君子听音乐，不只是享受快乐，更重要的是通过音乐而培养自己的道德情操。

居上不骄，为下不倍〔1〕；国有道，其言足以兴；国无道，其默足以容。

——《礼记·中庸》

注释

〔1〕倍：背，违背。

译文

君子身处上位而不骄横跋扈，身处下位而不违背上级意旨。国家有道而政治清明，他的意见可以使国家兴盛；国家无道而政治昏暗，他可以沉默不语以保全自身。

解析

儒家讲"富而无骄"，其实，贵也应当不骄。孟子说："富贵不能淫，贫贱不能移，"其实意思是一致的。君子要注重自己的操守，要有定力。国家有道而政治清明，可以仕；国家无道而政治昏暗，则不可以仕，但又要能保护好自己。国家有道而政治清明，其意见可以被采纳；国家无道而政治昏暗，可以沉默不语而保全自身。孔子说南容："邦有道，不废；邦无道，免于刑戮。"其意义是一致的。

清廉从政　勤勉奉公

儒有忠信以为甲胄[1]，礼义以为干橹[2]；戴仁而行，抱义而处，虽有暴政，不更其所。

——《礼记·儒行》

注释

〔1〕甲胄：铠甲和头盔。

〔2〕干橹：盾牌。

译文

儒者以忠信为铠甲头盔，以礼义为盾牌。儒者以仁义为立身的法宝，行走在世间，戴仁而行；立身处世，抱义而处。即使受到暴政迫害，也不会改变自己的操守。

解析

儒家以仁、义、忠、信、礼为基本的价值追求。戴仁抱义，以忠信为甲胄，以礼义为干橹，这个比喻非常到位。仁、义、忠、信，是保护人的，不是妨碍人的，更不是危害人的。儒者既可以作狭义理解，也可以作广义理解。从广义理解，知识分子、读书人都是儒者，从政者、为政者也都是儒者，都应当切实践行仁义忠信。

温良者，仁之本也；敬慎者，仁之地〔1〕也；宽裕者，仁之作也；孙接〔2〕者，仁之能也；礼节者，仁之貌也；言谈者，仁之文也；歌乐者，仁之和也；分散者，仁之施也；儒皆兼此而有之，犹且不敢言仁也。

——《礼记·儒行》

注释

〔1〕地：落脚点。

〔2〕孙接：谦逊地接人待物。孙，即逊。

译文

　　温柔敦厚是仁的根本，恭敬谨慎是仁的落脚点，胸怀广阔是仁的发作，谦逊待人是仁的能量，注重礼节是仁的外在表现，言谈典雅是仁的文饰，欢歌笑语是仁的和谐和睦，同享财富是仁的具体实施。儒者具备了上述各种美德，尚且不敢说自己合乎仁。

解析

　　儒家的核心观念是仁。曾子说："士不可以不弘毅，任重而道远。仁以为己任，不亦重乎？死而后已，不亦远乎？"儒者以行仁为己任，而仁须落在实处。孔子不以仁许人，孔子不认为子路、冉有、公西华做到了仁。有人问孔子："令尹子文三仕为令尹，无喜色；三已之，无愠色。旧令尹之政，必以告新令尹。何如？"子曰："忠矣。"在孔子看来，令尹子文是"忠"，但也未必做到了仁。"崔子杀齐君，陈文子有马十乘，弃而违之。"陈文子是"清"，但也未必做到了仁。温良、敬慎、宽裕、孙接、礼节，都是仁的子目，但即使都做到了，也未必就是仁。

所谓诚其意者，毋自欺也。如恶恶臭，如好好色，此之谓自慊[1]。故君子必慎其独也。

—— 《礼记·大学》

注释

[1] 自慊：自我满足，是自欺的反面。

译文

所谓意念真诚，就是不要自己欺骗自己。就好比厌恶污秽的气味，就好比喜欢漂亮的女人，这完全是一种自然而然的倾向，是一种自我的满足，所以，君子在一个人独处时，一定要提高警惕。

解析

儒家讲诚。诚是实实在在，是内外一致，是如是想、如是言、如是做，诚是自慊。不诚，口是而心非，说一套做一套，是自欺。儒家又讲慎独，就是当一个人独处时，一定要提高警惕，因为在无人监督的条件下，人们容易放纵自己。其实，慎独与诚是一致的，一个人如果真的做到了诚，甚至不需要慎独。《大学》讲"自天子以至于庶人，壹是皆以修身为本。"如何修身？修身首先是意诚，修身要以意诚为本。

为人君，止于〔1〕仁；为人臣，止于敬；为人子，止于孝；为人父，止于慈；与国人交，止于信。

——《礼记·大学》

注释

〔1〕止于：止于极处，未到极处而不止息。

译文

作为君，要把仁做到极处；作为臣，要把敬做到极处；作为子，要把孝做到极处；作为父，要把慈做到极处；与国人交往，要把信做到极处。

解析

君臣、父子，是古代社会最重要的人伦关系。《礼记·礼运》有所谓"人义"之说："何谓人义？父慈、子孝、兄良、弟弟、夫义、妇听、长惠、幼顺、君仁、臣忠，十者谓之人义。""人义"谓人之道义，也是人最重要最根本的道德。《春秋左传》讲"六顺"："君义，臣行，父慈，子孝，兄爱，弟敬，所谓六顺也。"君仁而臣敬，父慈而子孝，与人交而有信，这是最为重要的人伦道德，它所涉及的是最重要、最基本的人伦关系。这是最基本的人伦关系，也是政治领域最重要的关系。人伦关系是如此，政治生活、政治活动、政治人物之间的关系也应当是如此。

君子有诸己而后求诸人〔1〕，无诸己而后非诸人〔2〕。

——《礼记·大学》

注释

〔1〕求诸人：要求他人。

〔2〕非诸人：责怪他人。

译文

君子自己做到了，才能要求他人做到；自己身上没有的缺点，才能责怪他人这种缺点。

解析

儒家提倡严于律己，宽以待人。作为当政者，自己做到了，才能要求他人做到；自己没做到，就没法要求别人。儒家一直强调当政者应当以身作则，所谓"子帅以正，孰敢不正？""自天子以至于庶人，壹是皆以修身为本。"而修身，地位越高的人，修身就越是重要。作为高级政治人员，一定须要做到以身作则。自己身上有的优点，才能要求他人也具备这样的优点；自己身上没有的缺点，才能责怪他人这样的缺点。

凡人之所以为人者，礼义也。礼义之始，在于正容体、齐〔1〕颜色、顺〔2〕辞令。容体正，颜色齐，辞令顺，而后礼义备。

——《礼记·冠义》

注释

〔1〕齐：整齐，端庄。

〔2〕顺：恭顺。

译文

人之所人为人，在于人懂得礼义。礼义从哪里做起？应从举止得体、态度端正、言辞恭顺做起。能够做到举止得体、态度端正、言辞恭顺，礼义才算完备。

解析

人之为人、人与动物的区别，就在于人懂得礼义、遵从礼义。荀子说："水火有气而无生，草木有生而无知，禽兽有知而无义，人有气、有生、有知，亦且有义，故为天下贵也。"有礼义，懂得礼义，这是人与动物的根本性区别。如何修持礼义？礼义从正容貌、齐颜色、顺辞令开始。用现在的话说，政治生活中，礼义的具体表现就是政治规矩。从政之人，首先要懂得政治规矩。

有官守〔1〕者，不得其职则去；有言责〔2〕者，不得其言则去。

——《孟子·公孙丑下》

注释

〔1〕官守：有官职的人。

〔2〕言责：有进言职责的官员。

译文

有官职的人，如果不能行使其职权，就主动辞职；有进言职责的官员，如果进言不被采纳，就主动辞职。

解析

孔子提倡以道事君。"所谓大臣者，以道事君，不可则止。"君臣关系不只是一种上下级的关系；臣下对于君，并非只是按照君的旨意办事，而是必须遵循道义。如果不能"以道事君"，则可以辞职。所以，"邦有道，则仕，邦无道，则可卷而怀之。"孟子继承了孔子的思想，儒家在这一点上，是一致的。如果不能尽其责任，不能行使其职权，就可以辞职；如果进言而不能得到采纳，就可以辞职。为官之道不只是正直，还要敢于坚持原则。

枉己〔1〕者，未有能直人者也。

——《孟子·滕文公下》

注释

〔1〕枉己：自己不正而不主动纠正。

译文

自己不正且不主动纠正的人，不可能纠正别人。

解析

孔子说："政者，正也，子帅以正，孰敢不正？"孟子继承了孔子的思想。作为当政者，自己不正，又怎么能正人？又怎么能要求下级端正呢？为政者应当引导人民走正道。引导人民走正道，自己首先要走得端、行得正。《大学》讲："君子有诸己而后求诸人，无诸己而后非诸人。"自己身上没有的缺点，才能要求有这种缺点的人纠正这种缺点。如果一个人，特别是领导干部，对自己要求不高，得过且过，又怎么可能要求别人呢？又怎么可能要求别人改正缺点，而这种缺点是自己身上也有的缺点呢？

以顺为正者，妾妇之道也。居天下之广居〔1〕，立天下之正位〔2〕，行天下之大道〔3〕。得志与民由之，不得志独行其道。富贵不能淫，贫贱不能移，威武不能屈，此之谓大丈夫。

——《孟子·滕文公下》

注释

〔1〕天下之广居：所谓仁也。

〔2〕天下之正位：所谓礼也。

〔3〕天下之大道：所谓义也。

译文

把顺从当成正道，这是妇人之道。男子则不同，男子以仁为天下之广居，以礼为天下之正位，以义为天下之大道，从而居仁、立礼、行义。得志时，与老百姓一同遵循大道前行；不得志时，则坚守自己的志向独自走自己的路。富贵不能侵害他正直的心思，贫贱不能改变他坚强的心志，威武权势不能令他屈服，这才是所谓的大丈夫。

解析

把顺从当成正道，强调一味服从，那是妾妇之道，而不是从政者所应遵循的大道。大丈夫应当以仁为天下之广居，以礼为天下之正位，以义为天下之大道。君臣关系的根本是"以道事君"，而不是无条件地给君主做事，而是居仁、立礼、行义。得志时，与百姓一同遵循大道前行；不得志时，则坚守自己的志向独自走自己的

清廉从政　勤勉奉公

路。富贵、贫贱、威武都不能使自己发生改变。这是一种大丈夫精神，这种"富贵不能淫，贫贱不能移，威武不能屈"的大丈夫精神，鼓励着一代又一代的志士仁人，成为他们立德、行仁的精神基础。

丈夫生而愿为之有室〔1〕，女子生而愿为之有家〔2〕。父母之心，人皆有之。不待父母之命、媒妁之言，钻穴隙相窥，逾墙相从，则父母国人皆贱之。古之人未尝不欲仕也，又恶不由其道。不由其道而往者，与钻穴隙之类也。

——《孟子·滕文公下》

注释

〔1〕有室：有妻。
〔2〕有家：有夫。

译文

男子生而有结婚娶妻的愿望，女子生而有结婚有夫的愿望。父母亲的这种心思，人人都有。但是，没有父母为儿女做主，没有媒人给男女做媒，就钻门洞、扒门缝互相窥视，就翻墙男女幽会，甚至私奔，他们的父母以至于所有人都会鄙视他们。古代人不是不想做官，但厌恶不走正道找官做。不走正道找官做，这与男女扒门缝相窥、翻墙幽会的行为是一样的。

解析

人之有家有室，依靠的是礼；人求有家有室，也必须遵从礼。不遵从礼，会被人所轻视甚至于嘲笑。做官不走正道，就如同婚姻不遵守礼义，同样被人所轻视，甚至于被嘲笑。为官以正，职位的迁升也应当遵守正道，是孔孟以至于儒家为官之道的根本。孔子问他的学生子游："你那里有什么可以称道的人吗？"子游回答："有澹台灭明者，行不由径，非公事，未尝至于偃之室也。"澹台灭明是一个讲原则、坚持原则的，他走路不抄小道，不走捷径，说明他一定照章办事。他把公事与私事区别开来，从来不找领导办私事。为官走正道，职务的迁升本不是个人所要考虑的，当然更不应当通过不正当的途径来谋求。

爱人不亲，反其仁〔1〕；治人不治，反其智；礼人不答，反其敬。行有不得者，皆反求诸己，其身正而天下归之。

——《孟子·离娄上》

注释

〔1〕反其仁：反思自己的仁德方面是否做得到位。

译文

爱别人，别人却不亲近自己，就反过来反思自己在仁德方面是否真的已经做到位；管理人民，但却没有管理好，就反过来反思自己在才智方面是否真的已经做到位；对别人有礼，别人却不以礼相回，就反过来反思自己在恭敬方面是否真的已经做到位。凡是行为方面有不能达到预期效果的，都反过来反思自己，在自己身上找原因。自己立身端正了，天下人自然会归向他。

解析

正人先正己，是孔子的思想。"反求诸己"，是孟子的思想，是孟子对孔子思想的重要发展。凡是行为方面有不能达到预期效果的，都反过来反思自己，在自己身上找原因，这就是反求诸己。正人先正己，主要是正己；而反求诸己，是从自己身上找原因，是孔子"君子求诸己"思想的发挥。曾子讲："吾日三省吾身，为人谋而不忠乎？与朋友交而不信乎？传不习乎？"儒家强调的是人格的自我完善，强调的我如何待人，至于别人如何待我，那是别人的事。正如此，所以孔子讲"求诸己"，曾子讲"三省吾身"。孟子的

清廉从政　勤勉奉公

"反求诸己",是要在自己身上找原因。在自己身上找原因,是"求诸己"以及"三省吾身"的具体发挥,是要在功夫及细微处见行动。对于政府机关工作人员而言,"反求诸己"更具有现实的意义。我们的工作就是要使人民满意,人民有意见,就要反思我们的工作,反思还有什么没有做好。

人有恒言〔1〕，皆曰：天下国家。天下之本〔2〕在国，国之本在家，家之本在身。

——《孟子·离娄上》

注释

〔1〕恒言：古语，老话。

〔2〕本：根本。

译文

人们经常说到一名古语，所谓天下国家。天下的根本在国，国的根本在家，家的根本在个人。

解析

天下之本在国，国之本在家，家之本在每个人自身。儒家强调从我做起，从现在做起，每个人都必须把自己的事情做好。不管别人如何，我将一如既往；不管别人如何待我，我都一如既往地待人。《大学》讲："自天子以至于庶人，壹是皆以修身为本。"国家机关工作人员更应当讲修身，更应当不断加强自身修养，更应当不断提长自己。因为，"国之本在家"，而"家之本在身"，在我们每一个具体的人。

体恭敬而心忠信，术〔1〕礼义而情爱人，横行天下，虽困四夷〔2〕，人莫不贵。劳苦之事则争先，饶乐之事则能让，端悫〔3〕诚信，拘守而详，横行天下，虽困四夷，人莫不任。

——《荀子·修身》

注释

〔1〕术：述，遵循。

〔2〕四夷：中原周边文化落后地区。

〔3〕悫：谨慎。

译文

容貌恭敬而内心忠诚守信，遵循礼义而又心存爱人之情，这样的人，走遍天下，即使受困于周边文化落后地区，莫不受人尊敬。遇到劳苦的事，总是抢先去做；遇到享乐的事，总是让给他人，端庄谨慎诚实守信，谨守礼法明察事理，这样的人，走遍天下，即使受困于周边文化落后地区，莫不受人信任。

解析

孔子有言曰："言忠信，行笃敬，虽蛮貊之邦行矣；言不忠信，行不笃敬，虽州里行乎哉？"又言："居处恭，执事敬，与人忠，虽之夷狄，不可弃也。"荀子之所言，与孔子是一致的。认认真真做人，踏踏实实做事，一直是儒家所强调的。普通人是如此，国家机关行政人员更应当如此。

好法而行，士也；笃志而体〔1〕，君子也；齐明而不竭，圣人也。人无法，则伥伥然〔2〕；有法而无志其义，则渠渠然〔3〕；依乎法，而又深其类，然后温温然〔4〕。

——《荀子·修身》

▌注释▐

〔1〕体：身体力行。

〔2〕伥伥然：迷茫而无所适从。

〔3〕渠渠然：忙乱而无所成。

〔4〕温温然：从容不迫而泰然自若。

▌译文▐

爱好礼法而尽力遵行的人，是士；意志坚定而身体力行的人，是君子；无所不明而又奋斗不止的人，是圣人。人无礼法，则会迷茫而无所适从；有了礼法，而不努力落实，就会徒有礼法而忙乱无所成；遵循礼法而又精深地将其落实到具体事项当中，这样就可以从容不迫而泰然自若。

▌解析▐

"好法而行"，爱好礼法而尽力遵行，这是对于一般士人的要求，也是对于普通行政人员的要求。"笃志而体"，意志坚定而身体力行，这是对于君子的要求，是对于高级行政人员的要求。"人无法，则伥伥然"，人无礼法，就会迷茫而无所适从。荀子思想的一个重要的特点是强调礼法。有法可依，有法必依，依法从事，这样

一种法制思想最早是由荀子提出的。从政者、国家工作人员都必须
严格按法律办事。

君子行不贵苟[1]难，说不贵苟察，名不贵苟传，唯其当之为贵。

——《荀子·不苟》

注释

〔1〕苟：苟且，不正当。

译文

君子对于行，不以不正当的难为可贵；君子对于言说，不以不正当的细察为可贵；君子对于名，不以不正当的流传甚广为可贵，君子对于行、对于说、对于名，只以恰当正当为可贵。

解析

君子不图名，更不务虚名，君子所追求的是实事求是，认认真真，对于行、对于言说、对于名，只以恰当正当为可贵，君子追求的是恰如其分，而不是虚张声势，更不是弄虚作假，徒有其名。孔子的学生子张问孔子："士何如斯可谓之达矣?"孔子曰："何哉，尔所谓达者?"子张对曰："在邦必闻，在家必闻。"孔子曰："是闻也，非达也。夫达也者，质直而好义，察言而观色，虑以下人。在邦必达，在家必达。夫闻也者，色取仁而行违，居之不疑。在邦必闻，在家必闻。""达"是"质直而好义"，是努力于实行；"闻"则是"色取仁而行违"，是求名，此两者是截然有别的。宋人张浚有言："不私其身，慨然以天下百姓为心，此君子也；谋身之计甚密，而天下百姓之利害，我不顾焉，此小人也。志在于为道，不求名而名自归之，此君子也；志在于为利，掠虚美邀浮誉，此小人也。""不求名而名自归之"，此君子也；"掠虚美邀浮誉"，此小人也。张浚所言与孔子、荀子所言，是一致的。儒家要人不务虚名，而认真做事。对于政治人物，更应当提出这样的要求。

君子宽而不僈〔1〕，廉而不刿〔2〕，辩而不争，察而不激，直立而不胜，坚强而不暴，柔从而不流，恭敬谨慎而容。

——《荀子·不苟》

注释

〔1〕僈：怠惰。

〔2〕刿：伤害。

译文

君子宽大而不怠惰，刚正而不尖锐，善辩而不争执，明察而不激烈，正直而不盛气凌人，坚强而不粗暴，柔顺而不逐流，恭敬谨慎而能宽容。

解析

《中庸》讲："君子尊德性而道问学，致广大而尽精微，极高明而道中庸。""道中庸"是儒家的行为原则，也是处事原则，也是儒家所倡导的美德。孔子说："中庸之为德也，其至矣乎！民鲜久矣。"《中庸》说："君子中庸，小人反中庸。"中庸是恰到好处，不偏不倚。并且，在儒家看来，中庸是难能而可贵的。如《中庸》讲"天下国家可均也，爵禄可辞也，白刃可蹈也，中庸不可能也。"中庸是比均贫富、辞爵禄、蹈白刃更为艰难的事。荀子所言"直立而不胜，坚强而不暴，柔从而不流"，其核心就是"中庸"。荀子之言可以成为一个人立身处世的标准。孔子评价值其弟子师（子张）与商（子夏）"师也过，商也不及"，过与不及都是不好。做人不可走极端，从政之人更不能走极端。

君子大心则敬天而道，小心则畏义而节；知则明通而类，愚则端悫而法；见由〔1〕则恭而止，见闭〔2〕则敬而齐；喜则和而理，忧则静而理；通则文而明，穷则约而详。

——《荀子·不苟》

注释

〔1〕见由：被起用。

〔2〕见闭：不被任用。

译文

君子放心大用则敬天而尊道，小心细用则敬畏义礼而有节度；其智则明通物理而触类旁通，其愚则端正诚实而遵守法度；君子被起用则恭敬而不放肆，不被任用则戒慎而修己；高兴时平和而理智，忧虑时安静而理智；通达时文雅而明智，穷困时简约而缜密。

解析

荀子关于君子之言，往往具体而微。放心大用则敬天而尊道，小心细用则敬畏义礼而有节度。"见由则恭而止，见闭则敬而齐"，被起用则恭敬而不放肆，不被任用则戒慎而修己，真可以成为人们的座右铭。以及"通则文而明，穷则约而详"，通达时文雅而明智，穷困时简约而缜密，比孟子"穷则独善其身，达则兼善天下"，更为细致，也更为具体。修身不只是立志，不只是坚贞，修身是具体而微的修持。

君子养心[1]莫善[2]于诚，致诚则无它事矣。惟仁之为守，惟义之为行。

——《荀子·不苟》

注释

〔1〕养心：修养身心。

〔2〕莫善：没有比……更好。

译文

君子修养身心没有诚实更好的了，做到了诚实就可以无事可做了。只以仁为坚守的美德，只以义为行动的准则。

解析

诚是实实在在，是内外一致，表里如一。儒家强调诚，也强调仁、强调义，但儒家强调诚仁、诚义，也就是真实无伪、实实在在的仁与义。周敦颐说："圣，诚而已矣。诚，五常之本，百行之源也。""诚"是圣人之本，圣人之所以是圣人，圣人之所以为圣人，"诚而已矣。""诚"虽然不是儒家所宣扬的"五常"之一，但是它却是"五常之本"，是"五常"的精神与灵魂。相对于"诚"而言，"五常"也是外在的。"五常"的内在精神，其实只是"诚"。"五常百行"，都要以"诚"为出发点，并且落实"诚"，也就是说，"五常百行"都要做到真诚无伪。如果不能做到"诚"，那么，"五常百行"只会留为空洞的教条，只会成为徒具形式的东西。所以，周敦颐又说："五常百行，非诚非也。"正因为此，荀子说："君子养心莫善于诚，致诚则无它事矣。惟仁之为守，惟义之为行。"以仁为守，也就是守仁；以义为行，也就是行义。孟子说："仁，人之安宅也；义，人之正路也。"仁是人得以安居的处所，义是人所走的正大光明的道路。正因为此，荀子说君子应当"惟仁之为守，惟义之为行"。不能背仁，也不能背义。

君子位尊而志恭，心小〔1〕而道大。

——《荀子·不苟》

注释

〔1〕心小：心在方寸之间。

译文

君子地位尊贵而心志谦恭，心虽方寸之小但所包含的道理却无边无际。

解析

君子地位尊贵，更因为此，必须给自己提出更高的要求，更应当有开阔、包容、谦逊的胸怀。孔子的先祖正考父辅佐宋戴公、武公、宣公，地位越来越显赫，但从不自满，而是地位越高越是谦逊。家庙鼎有铭文曰："一命而偻，再命而伛，三命而俯，以循墙而走。"（《春秋左传》昭公七年）随着地位的不断提高，走路时头越来越低了，以至于顺着墙根走路。地位越高的人，越应当有谦恭的胸怀。

上则能尊君，下则能爱民，物至而应，事起而辨〔1〕，若是则可谓通士〔2〕矣。

——《荀子·不苟》

注释

〔1〕辨：通辦（办），治理。

〔2〕通士：通达而有通才之士。

译文

对上则能尊敬君主，对下能仁爱人民，任何事情来了，都能应对；任何事件突然爆发，都能恰当处理，这样的人，可以称之为通士。

解析

尊君、爱民，能够正确应对、处理各种事务，包括各种突发性事件，这是一个从政者最基本的素质。荀子所讲的"通士"，是所谓通达之士，大体是一个普通从政者。普通从政者要能够做到尊君爱民，并且能够应对各种事项，特别是能够处理好各种突发事件。

清廉从政　勤勉奉公

不下比〔1〕以闇上，不上同〔2〕以疾下，分争于中，不以
私害之，若是则可谓公〔3〕士矣。

——《荀子·不苟》

注释

〔1〕下比：在下面相互勾结。

〔2〕上同：对上迎合以讨好。

〔3〕公：公士之公有公正的意思。

译文

不在下面相互勾结以愚弄君主，不对上迎合君主以残害臣民，遇事出现分歧与争执，不从个人利害出发陷害他人，这样的人，可以称之为公士。

解析

孔子说："君子周而不比，小人比而不周。""比"不是攀比，而是结党营私。为政者切忌拉帮结派，切忌结党营私。不拉帮结派，但也不一味迎合讨好上级。公士之公有公正的意思，公士以公正、端正为根本原则。

身之所长，上虽不知，不以悖君；身之所短，上虽不知，不以取赏；长短不饰〔1〕，以情自竭〔2〕，若是则可谓直士矣。

——《荀子·不苟》

注释

〔1〕长短不饰：长处和短处都不加掩饰。

〔2〕竭：不加隐瞒全部表现出来。

译文

自身的长处，君主即使不知道，也不用它欺瞒君主；自身的短处，君主即使不知道，也不用它骗取奖赏。对自己的长处和短处都不加隐瞒和掩饰，而是真实生动直接全然地暴露出来，这样的人，可以称之为直士。

解析

对于上级，特别是对于君主，不可有所隐瞒，是古代臣子的基本操守。董仲舒说："为人臣者，其法取象于地，故朝夕进退，奉职应对，所以事贵也；供设饮食，候视疾疾，所以致养也；委身致命，事无专制，所以为忠也；竭愚写情，不饰其过，所以为信也。""竭愚写情"，就是毫无隐瞒。直士之直，最主要的就是耿直、正直。

庸言〔1〕必信之，庸行〔2〕必慎之，畏法流俗，而不敢以其所独甚，若是则可谓悫〔3〕士矣。

——《荀子·不苟》

注释

〔1〕庸言：恰到好处的言语。

〔2〕庸行：恰到好处的行为。

〔3〕悫：诚实，谨慎。

译文

恰到好处的言语，必全然相信；恰到好处的行为，必谨慎照章落实，敬畏礼法而随波逐流，不敢做自己特别喜欢的事，这样的人，可以称之为悫士。

解析

悫是诚实、谨慎。照章办事，依循章法，而不是依照个人的好恶，是公务人员的基本要求。对法律、法规抱有敬畏感，严格按章程办事，既遵守实体法，也遵守程序法，而不敢徇私情，也是现代法律制度对于公职人员的基本要求。

公平者，职之衡〔1〕也；中和者，听之绳也。其有法者以法行，无法者以类举。

——《荀子·王制》

注释

〔1〕衡：秤，引申为准则。

译文

公平是政治事务的准则，宽严适度是处理政治事务的标准。有法律就依照法律，没有法律条文依循就遵照同类事例处理。

解析

荀子的思想与现代法律制度有很多相合之处。法律追求的是公平正义，执行法律应当宽严适度，有法则依照法律，无法律依据则参照同类事例，现在法律制度的根本精神就是如此。

清廉从政　勤勉奉公

君子恭而不难〔1〕，敬而不巩〔2〕，贫穷而不约〔3〕，富贵而不骄，并遇变态而不穷。

——《荀子·君道》

注释

〔1〕难：畏惧。

〔2〕巩：恐。

〔3〕约：卑屈。

译文

君子恭敬而不胆怯，端正敬肃而不惶恐，贫穷而不卑屈，富贵而不骄横，遇到各种事变都能应对自如而不会束手无策。

解析

孔子肯定"贫而无谄，富而无骄"，孟子说"富贵不能淫，贫贱不能移"，荀子说"贫穷而不约，富贵而不骄"，其意是一致的，都是要求儒者、从政者必须保持良好的节操。苏武保持了这种节操，文天祥保持了这种节操。

忠信而不谀〔1〕，谏争而不谄，挢〔2〕然刚折，端志而无倾侧之心，是案曰是，非案曰非。

——《荀子·臣道》

注释

〔1〕谀：阿谀奉承。

〔2〕挢：刚强。

译文

忠诚守信而不阿谀奉承，劝谏苦诤而不谄媚取悦，可以坚决与君主争辩，思想端正而无歪斜心思，对的就说对，不对就说不对。

解析

臣对于君，不能只是奉迎，更不能一味阿谀，就像二程所说，要敢于"格君心之非"。"谏争而不谄，挢然刚折"，是则是之，非则非之，敢于与君主争辩，"格君心之非"，这样一种思想，最初是由荀子提出来的。不一味逢迎讨好上级，敢于坚持原则，是现代政治人物所应当具备的基本品质。

清廉从政　勤勉奉公

察〔1〕而以达理明义，则察为福矣；察而以饰非惑愚，则察为祸矣。

——《吕氏春秋·不屈》

注释

〔1〕察：思维细致。

译文

思维细致以明达事理明了义理，这种思维细致有福于人；思维细致以掩饰错误愚弄他人，这种思维细致有害于人。

解析

聪明才智如果用之于明达事理，这种聪明才智有福于人，为有正价值；如果聪明才智用于掩饰错误或愚弄他人，这种聪明才智则有害于人，为有负价值。聪明才智必须用于正道，而不能将其用于邪门歪道。所以，虽然德才兼备，但实际上，德比才更为重要。有才而无德，其才可能有来做坏事。

君子之自行也，动必缘[1]义，行必诚[2]义，俗虽谓之穷，通也。行不诚义，动不缘义，俗虽谓之通，穷也。

——《吕氏春秋·高义》

注释

〔1〕缘：遵循。

〔2〕诚：忠实。

译文

君子自行作为，其动作必遵循道义，其行为必忠实道义，世人也许认为如此而行不通，而君子以为这才是通。行为不忠实道义，动作不遵循道义，世人认为是通，而君子认为这是不通。

解析

君子之行为，必以合乎道义为基本原则。行合乎道义，虽不能达于富贵，亦可谓之通；行不合乎道义，虽达于富贵，亦不可谓之通。君子应以守仁行义为自己的基本职责。孔子曰："君子之于天下也，无适也，无莫也，义之于比。"君子以天下为己任，君子做事的唯一标准就是道义，符合道义的事就做，不符合道义的事情就坚决不做。

君子责人则以人〔1〕，自责则以义。责人以人则易足，易足则得人；自责以义则难为非，难为非则行饬〔2〕。

——《吕氏春秋·举难》

注释

〔1〕以人：以普通人的标准。

〔2〕饬：饬，严正，齐整。

译文

君子要求人用的是普通人的标准，要求自己却以道义为标准。用普通人的标准要求人，很容易使人达到标准，容易使人达到标准则容易获得人；要求自己以道义为标准，就使自己难以做坏事，难以做坏事，则行为就会严正。

解析

所谓"严于律己，宽以待人"。对于别人，用普通人的标准；而对自己，则以道义为准则。宽以待人，故不会求全责备；严于律己，则难以为非。孔子曰："躬自厚，而薄责于人，则远怨矣！"对自己要求严，而对别人不提出过高要求，是不会招致怨恨的。君子严于律己而宽以待人，政治人物更应当如此。

达士〔1〕者，达乎死生之分。达乎死生之分，则利害存亡弗能惑矣。

——《吕氏春秋·知分》

注释

〔1〕达士：通达之士，非发达之士。

译文

通达之士，通达明晓死生之分别。通达明晓死生分别，如此一来，利害、存亡就不能使他迷惑了。

解析

通达之士之所以为通达之士，关键在于达乎死生之分。庄子说："古之真人，不知说生，不知恶死"，又说："死生无变于己，而况利害之端乎！"一个人，连生死都可以置之度外，又怎么可能被利害所迷惑呢？

清廉从政　勤勉奉公

贤者之事也，虽贵不苟为〔1〕，虽听不自阿〔2〕，必中理然后动，必当义然后举。

——《吕氏春秋·不苟》

▌注释▌

〔1〕苟为：任性胡为。

〔2〕自阿：自谋私利。

▌译文▌

贤明之人做事，即使地位尊贵，也不任性胡为；即使为君王所听信，也不自谋私利。必定合乎事理才会动，必定合乎道义才会做。

▌解析▌

孔子赞与"富而无骄"。"富而无骄"与"贵不苟为"意思是相通的。政治人物切不可意气用事，切不可任意妄为，其所作所为，必当合乎事理，合乎道义。

圣人不为可非之行，不憎人之非己也；修足誉之德，不求人之誉己也。不能使祸不至，信己之不迎〔1〕也；不能使福必来，信己之不攘〔2〕也。祸之至也，非其求所生，故穷而不忧；福之至也，非其求所成，故通〔3〕而弗矜〔4〕。

——《淮南子·诠言训》

┃注释┃

〔1〕迎：逢迎。

〔2〕攘：排斥。

〔3〕通：通达，显达。

〔4〕矜：矜持，傲慢。

┃译文┃

圣人不采取可能引起非议的行为，不憎恨他人非议自己。圣人修养足以值得赞誉的品德，但不求别人赞誉自己。圣人不能使灾祸不来，但相信自己不会主动逢迎它。圣人不能使福气一定到来，但相信自己不会排斥它。灾祸到来，并不是我找来的，所以，即使困窘也不忧伤；福气到来，并不是我求来的，所以，即使显达也不傲慢。

┃解析┃

圣人不只是品德高尚的人，还是地位崇高的人。圣人"不憎人之非己"，"不求人之誉己"，这是最为关键的。因为圣人以成就事业为根本，所以，无论遇福、遇祸，都能正确对待。庄子有言曰：

"举世誉之而不加劝,举世非之而不加沮,定乎内外之分,辩乎荣辱之境。"地位崇高、品德高尚的人都应当具备这样的素质。

圣人常后〔1〕而不先，常应〔2〕而不唱〔3〕；不进而求，不退而让。

——《淮南子·诠言训》

注释

〔1〕后：居后。

〔2〕应：响应。

〔3〕唱：倡导。

译文

圣人常居后而争先，常响应而不倡导，不力求先进，不退守而谦让。

解析

老子说："圣人后其身而身先，外其身而身存。""后其身"，是把个人利益置于众人之后；"身先"，是受到民众拥护而成为民众领袖。"外其身"，是将个人利益置之度外；"身存"，是其领袖的身份得以保存。在老子看来，正因为后其身，所以才会身先；正因为外其身，所以才会身存。《淮南子》"圣人常后而不先"的思想明显受到老子的影响。

君子为善，不能使福必来；不为非，而不能使祸无至。福之至也，非其所求，故不伐〔1〕其功；祸之来也，非其所生，故不悔其行。

——《淮南子·诠言训》

注释

〔1〕伐：夸耀。

译文

君子做善事，不能使福气一定到来；不做坏事，不能使灾祸一定不至。福气的到来，不是追求到的，所以不夸耀自己的功劳；灾祸的到来，不是自己招致的，所以不忏悔自己的行为。

解析

君子为善，非求福也。君子唯仁之为守，唯义之为行，不把福当成自己求而所致，所以，不沾沾自喜。君子所当行只是仁与义，行其所当行，为其所当为，而不求回报。

明于天道，察于地理，通于人情，大足以容众，德足以怀远，信足以一异〔1〕，知足以知变者，人之英也。

——《淮南子·泰族训》

注释

〔1〕一异：一统众异。

译文

明于天道之常，察于地理之变，通于人情之故，其大德足以容众，其品德足以使远方之人佩服，其信誉足以一统众人之异，其智足以知古今之变，这样的人，是人之英者。

解析

《淮南子》之所谓"人之英"，大体同于荀子之所谓"通士"，是一个从政者必备的基本的德性素养和才能素质，有基本的知识储备，有良好的道德素养。这是对一个普通从政者的要求。

德足以教化，行足以隐义〔1〕，仁足以得众，明足以照下者，人之俊也。

—— 《淮南子·泰族训》

注释

〔1〕隐义：暗合于义。

译文

其德足以教化民众，其行足以与道义暗合，其仁德足以感化民众，其明智足以使下属明白，这样的人，是人之俊者。

解析

《淮南子》之"人之俊"，大体同于荀子之所谓"公士"。不过荀子之"公士"，更强调公正、端正，而《淮南子》之"人之俊"，则更侧重于其德、其行、其智，其德足以教化民众，其行足以与道义暗合，其智足以使下属明白，这是对一个高级从政者的要求。

行足以为仪表，知足以决嫌疑，廉足以分财，信可使守约，作事可法〔1〕，出言可道〔2〕者，人之豪也。

——《淮南子·泰族训》

注释

〔1〕可法：可效法。

〔2〕可道：可导，可指导。

译文

其行为足以为表率，其智慧足以决嫌疑，其廉洁足以分财平均，其诚信足以坚守契约，其做事足以为人所效法，其言语足以指导众人，这样的人，是人之豪者。

解析

《淮南子》之"人之豪"，大体同于荀子之所谓"直士"。不过，荀子之所谓"直士"，更强调其正直，强调其对上不隐瞒。而《淮南子》之"人之豪"，则强调其"作事可法，出言可道"，意味着其所作所言，皆可以成为人们仿效的标准。这可以说是对于高级从政者更高的要求。

守职而不废，处义而不比〔1〕，见难不苟免，见利不苟得者，人之杰也。

—— 《淮南子·泰族训》

注释

〔1〕比："小人比而不周"之比，为谋私。

译文

坚守职责而不懈怠，坚持道义而不以权谋私，遇见危难而不逃避责任，见利而不贪图获取，这样的人，是人之杰者。

解析

《淮南子》之"人之杰"，大体同于荀子之所谓"悫士"，其大意大体都是坚持原则，坚决按规章办事，敢于承担责任，不图利，不谋私。这也是对高级从政人员更高的要求。

第二篇

为政以廉

从事政治活动的人，因为手中掌握着权力，所以其最为重要的品质是廉洁而不贪。儒家强调执政者不应当心存私欲，而应当保持清正廉洁的心理态度。在孔子看来，执政者私欲多，必不能做到公正廉洁，所以从事政治的人，一定不可以多欲。孔子甚至把『不欲』当成人格完成的标志之一。为政以廉，就要懂得『见利思义』，要能够做到『穷不失义，达不离道』，要保持良好的节操。做人要讲道义，为官更要讲道义。而为官之道的根本就是依义而行而不贪。政治人物，最为重要的不是才能，而是节操，政治人物最不可丢失的正是节操。

箕子〔1〕之明夷〔2〕，利贞。

——《周易·明夷·六五》

注释

〔1〕箕子：商朝同姓之臣，佯狂而避祸。

〔2〕夷：伤；明夷：暗君在上，明者见伤之象。

译文

光明磊落的箕子将自己伤害，以利于守正。

解析

箕子是商王文丁的儿子，是帝乙的弟弟，纣王的叔父。纣王暴虐无道，箕子谏之不听，又不忍离去，佯狂而歌，纣王以为其真疯，将其囚禁起来，并贬为奴隶。《论语·微子》曰："微子去之，箕子为之奴，比干谏而死，殷有三仁焉。"比干也是纣王的叔父，因直言劝谏，遭纣王杀害。明夷卦下离上坤，离为火、为明，坤为地、为暗，象曰"明入地中"。明夷卦是一个暗主在上，明者见伤的卦象。箕子伤害自己，以利于守正，为历代儒者所称赞。

清廉从政　勤勉奉公

95

有孚威如〔1〕，终吉。

—— 《周易·家人·上九》

┃注释┃

〔1〕威如：庄重、威严，指人的言谈、举止端正，合乎规范。

┃译文┃

家长诚信，庄重而有威严，结果必定吉利。

┃解析┃

家人卦是讲家庭关系、家庭伦理的。家庭关系突出的是情意、是和睦。卦象中的上爻处于最上位，在家人卦中意味着家长。家长庄重、有威严、举止端庄，行为规范，又有诚信，即所谓"有孚威如"，这样的家庭一定有好结果。所以，作为家长、作为一个集体的领导，守信、端庄、行为规范，很是重要。

有孚〔1〕惠〔2〕心，勿问，元吉〔3〕。

——《周易·益·九五》

注释

〔1〕孚：信。

〔2〕惠：施惠。

〔3〕元吉：大吉，洪福。

译文

有诚信、施惠之心，不必占问，定有大吉祥。

解析

有诚信，又有施惠之心，对于当政者、从政者都是非常重要的。孔子论治国，首先即是富民，富民之外，则是教民。教民如何？教民以规范，教民守信。孔子认为，"民无信不立"。教民守信，执政者、当政者、从政者首先要守信。守信之外，要能施惠，能惠民。老子曰："圣人不积，既以为人，己愈有；既以予人，己愈多。"这里的圣人，就是统治者，当政者。当政者守信而惠民，这样的人，有这样的执政，不用占问，定有大吉祥。

清廉从政　勤勉奉公

子贡〔1〕曰："贫而无谄，富而无骄，何如？"子曰："可也，未若贫而乐〔2〕，富而好礼者也。"

——《论语·学而》

注释

〔1〕子贡：孔门弟子中富有财货之人。

〔2〕贫而乐：生活贫困却能保持快乐心态之人，孔子、颜渊皆是如此。

译文

子贡向孔子说："贫困但却不献媚，富有财货但却不骄横自大，这样的人怎么样？"孔子说："不错啊，但不如贫困却能保持快乐心态的人，富有财货却能谦逊好礼的人。"

解析

子贡是孔门弟子中最为富裕的人，子贡感觉自己已经做到了富而无骄，希望能够得到孔子的肯定以至表扬。孔子肯定了子路，也肯定了"贫而无谄，富而无骄"，但孔子认为更高的境界应当是"贫而乐，富而好礼"。孔子自己能够做到"贫而乐"。孔子讲自己："饭疏食，饮水，曲肱而枕之，乐亦在其中矣。"孔子认为颜渊也做到了"贫而乐"："贤哉回也！一箪食，一瓢饮，在陋巷，人不堪其忧，回也不改其乐。贤哉回也！"子贡现在的境界是"富而无骄"，应当更上一层，以期达到"富而好礼"。"贫而乐，富而好礼"，才是真君子所具有的意识，才是真君子所达到的境界。

富与贵，是人之所欲也，不以其道得之，不处〔1〕也；贫与贱，是人之所恶也，不以其道得之，不去〔2〕也。

——《论语·里仁》

注释

〔1〕不处：不居、不有、不接受。

〔2〕不去：不脱离、不摆脱。

译文

发财、做官，这是人人所盼望的，但是用不正当的方式得到它，这样的富与贵是不可接受的；贫困以及身份低下，这是人人所厌恶的，但是用不正当的方式摆脱它，这种脱离贫与贱的方式也是不可接受的。

解析

这是《论语》中孔子所言。升官发财，追求物质上的富有和地位上的提升，是人所常有的基本追求。但是，求富贵不能不择手段，要遵循基本的道义。摆脱贫贱是人之常情，但是不能择手段，要遵循基本的道义。人首先要遵道、守道，不道的事情，无论对人多么有利，也绝对不能做。做人首先要有原则，违背原则的事绝对不能做。对于国家工作人员而言，首先是廉，其次是勤。勤而不廉，即是大错误。

士〔1〕志〔2〕于道，而耻恶衣恶食者，未足与议也。

——《论语·里仁》

注释

〔1〕士：有知识的人，其地位次于大夫。

〔2〕志：确立志向。

译文

一个有志向于道义真理的士人，却以粗茶淡饭、粗糙布衣为耻辱，这样的人，不值得与他谈论问题。

解析

这是《论语》中孔子所言。人是要有追求的，人的最高追求是什么？用曾子的话来讲，就是"仁以为己任"，就是求仁，就是将仁落在实处。对于一个有志向、有追求的人来说，却以粗茶淡饭、粗糙布衣为耻辱，孔子认为这样的人，"未足与议也"，即不值得与其商量、谈论问题。人要有一点精神，人应当把精神追求置于物质追求之上。

季康子患盗，问于孔子，孔子对曰："苟〔1〕子之不欲〔2〕，虽赏之不窃。"

——《论语·颜渊》

注释

〔1〕苟：如果真的。

〔2〕欲：贪欲。

译文

季康子为鲁国执政大夫时期，鲁国盗贼猖獗，季康子很是担忧，请问孔子如何处置，孔子回答说："这可能都是由于阁下之多欲而造成的，如果阁下没有那么多的欲望、欲念，就是奖赏老百姓为盗，老百姓也不会做。"

解析

孔子对于执政者有比较高的要求，要求他们的思想意识、行为作风都要端正，要能够给民众起到示范作用。又强调执政者不应当心存私欲，而应当保持清正廉洁的心理态度。在孔子看来，执政者私欲多，必不能做到公正廉洁，所以从事政治的人，一定不可以多欲。孔子甚至把"不欲"当成人格完成的标志之一。子路问孔子什么是成人，孔子回答说："若臧武仲之知，公绰之不欲，卞庄子之勇，冉求之艺，文之以礼乐，亦可以为成人矣。"孔子的思想学说，对后代有深刻的影响。孟子讲："养心莫善于寡欲。其为人也寡欲，虽有不存焉者，寡矣；其为人也多欲，虽有存焉者，寡矣。"为政

之人，首先要做到清正廉洁，而要做到清正廉洁，首要的是没有私
欲之心。

宪^{〔1〕}问耻，子曰："邦有道，谷^{〔2〕}；邦无道，谷，耻也。"

——《论语·宪问》

注释

〔1〕宪：孔子弟子原思，姓原，名宪，字子思。

〔2〕谷：俸禄，禄位，借指做官。

译文

原思问什么是羞耻，孔子回答说："国家有道而政治清明，可以做官领俸禄；国家无道政治昏暗，也做官领俸禄，这就是羞耻。"

解析

原思问孔子什么是羞耻，孔子回答把这一问题上升到政治的高度。国家有道，政治清明，做官领俸禄，没有问题；国家无道，政治昏暗，也做官领俸禄，这就是羞耻。在孔子看来，人们可以求富贵，人们可以去贫贱，但一定要取之有道，要依道而行。政治人物，首先要端正，思想言行要正派；其次要知耻，要知道什么事情是绝对不能做的。把这两个方面结合起来，就是廉正，就是清廉正直。

贫〔1〕而无怨难，富〔2〕而无骄易。

——《论语·宪问》

注释

〔1〕贫：物质财富匮乏。

〔2〕富：物质财富充裕。

译文

物质生活困难，却没有任何怨言，这是比较难的；物质财富充裕，而不骄横跋扈，相对而言比较容易。

解析

这是《论语》中孔子之言。贫与富，指的是物质上的匮乏与充裕。一个人物质生活困难，却没有任何怨言，这是比较难的，因为人有苦有难，难免要发作。相反，一个人物质财富充裕，但是却不骄横跋扈，相对而言比较容易。孔子自己能够做到"贫而乐"："饭疏食，饮水，曲肱而枕之，乐亦在其中矣。"孔门弟子中，颜渊也做到了"贫而乐"："贤哉回也！一箪食，一瓢饮，在陋巷，人不堪其忧，回也不改其乐。贤哉回也！"而子贡做到了"富而无骄"。在孔子看来，颜渊的思想境界要比子贡高。因为，"贫而无怨"，相对较难；"富而无骄"，相对较易。

见利思义，见危授命〔1〕，久要〔2〕不忘平生之言，亦可以为成人矣。

——《论语·宪问》

注释

〔1〕授命：付出生命。

〔2〕要：通"约"，穷困。

译文

见到利益首先想到合不合乎道义，遇到危机敢于付出生命，处于长时期贫困之中，仍然不忘记自己平日里所许下的诺言。这样的人也可以说是人格健全之人了。

解析

这是《论语》中孔子回答子路什么是成人的话。在孔子看来，君子义以为上，见义勇为。所以，一个人能够做到"见利思义"，能够以合乎道义为根本，能够做到"见危授命"，在关键时刻敢于付出生命，并且处于长时期贫困之中，仍然这样不忘记自己平日里所许下的诺言。这样的人是难能可贵的，这样的人才可以说是人格健全之人了。

贤者辟世〔1〕，其次辟地，其次辟色，其次辟言。

——《论语·宪问》

注释

〔1〕辟：避；辟世：逃避恶劣的社会环境而隐居。

译文

德性好的人逃避恶劣的时代环境而隐居，次一等的是逃离恶劣的地区，再次一等的是一旦君主对自己显出不耐烦的态度就放弃官职，再次一等的是君主不接受自己的主张就放弃官职。

解析

这是《论语》中孔子之言。孔子强调"以道事君，不可则止"。在孔子看来，邦有道，可以做官；邦无道，则不能做官。邦无道，而照样做官，是一种不知羞耻的表现。正因为此，孔子认为，德性好的人避世，即逃离恶劣的时代环境而隐居，最低限度是君主不接受自己的主张就放弃官职。孔子强调做官与做人一样，要保持节操。做人不可缺少的就是节操。

子路[1]问君子，子曰："修己以敬。"曰："如斯而已乎？"曰："修己以安人[2]。"曰："如斯而已乎？"曰："修己以安百姓。修己以安百姓，尧舜其犹病诸！"

——《论语·宪问》

注释

〔1〕子路：孔子弟子，姓仲，名由，字子路。

〔2〕安人：使上层人士安乐。

译文

子路问怎样才算得上是一个君子，孔子回答说："不断修养自己，严肃认真地做好工作。"子路："这样就够了吗？"孔子说："不断修养自己，从而使上层人士得到安乐。"子路说："这样就够了吗？"孔子说："不断修养自己，使老百姓得到安乐。修养自己使老百姓得到安乐，尧舜大概也没有完全做好。"

解析

什么是君子？孔子有很多不同的回答，比如："君子喻于义"，"君子和而不同"。子路问孔子什么是君子，孔子的回答是："修己以敬"。"修己"，这也就是内圣。人格修养与人格完善，无疑是君子之为君子最根本的，但这绝不是全部，"修己"之外还有"安人"，以至于"安百姓"。"安人""安百姓"，就是外王。儒家内圣外王是一贯的、一体的。

士见危致命〔1〕，见得思义。

——《论语·子张》

注释

〔1〕致命：舍出生命。

译文

有教修的士人，遇到危急时刻，肯于豁出生命；见到有利可得，首先考虑的是合不合道义。

解析

此为《论语》中子张的话。孔子说："见利思义，见危授命，久要不忘平生之言，亦可以为成人矣。"子张所言与孔子所说，意思是一致的。"见得思义"也就是"见利思义"，也就是"义以为上"，强调利应当服从义，在合义的条件下，才可以得利。"见危致命"也就是"见危授命"，就是在危急关头，敢于舍出生命。这种"见危致命"，后来被孟子归结为"舍生取义"的大丈夫精神。孟子说："生亦我所欲也，义亦我所欲也，二者不可得兼，舍生而取义者也。"这种精神不断鼓励着一代一代的中国志士。

敖〔1〕不可长，欲不可从〔2〕，志不可满，乐不可极。

——《礼记·曲礼上》

注释

〔1〕敖：通傲。

〔2〕从：纵。

译文

傲慢之心不可有，欲望不可放纵，志气不可爆满，享乐不可无度。

解析

在政务活动中，在官员的日常生活中，容易出现的情况是傲慢，是倦怠，是志得意满，是对于欲望的不加控制，所以《曲礼》教人不可傲慢，不可放纵，不可志得意满，不可享乐无度。对于政府官员而言，更是不可倦怠，不可傲慢，而应当是总是保持谦虚谨慎、认真负责的态度。

贤者狎〔1〕而敬之，畏〔2〕而爱之。爱而知其恶，憎而知其善。积而能散，安安而能迁。临财毋苟得，临难毋苟免。很〔3〕毋求胜，分毋求多。疑事毋质，直而勿有。

——《礼记·曲礼上》

注释

〔1〕狎：亲近。

〔2〕畏：敬畏。

〔3〕很：争讼。

译文

遇到德性才能好的贤德之人，要主动与其接近，要尊敬他们，敬畏他们，爱护他们。对于自己所喜爱的人，要知道他们的缺点与短处；对于自己不喜欢的人，要知道他们也有长处。有了积蓄，要能将财物分给贫穷者。居安而能思危，能够随着环境的改变而调整自己的想法。面对巨额财富，不要贪得无厌。遇到危机艰险，不要苟且逃避。与人发生争执，不要以求胜为务。分配财物，不要贪图多占。有疑问的事不要以自己的观点为唯一正确。待人正直，但不要固执自己的观点、想法与态度。

解析

一个人，对自己的要求严格，居安而思危，遇到危险不逃避、不贪，不固执己见，待人正直，对于自己所喜爱的人，要知道他们的缺点与短处；对于自己不喜欢的人，要知道他们也有长处。遇到危机艰险，不要苟且逃避。这是一种修养境界，也是从政者所应具有的基本素质和精神状态。特别是"临财毋苟得"，"分毋求多"，将廉正不贪讲得很具体，直至现在仍然具有重要的现实意义。政府官员是社会资源与社会财富掌管者，如何正确行使权力，是一个永恒的话题。这里有社会监督机构的设置、社会舆论监督方面的问题，也有政府官员自身人格修养方面的问题。

清廉从政　勤勉奉公

君子之道，淡[1]而不厌，简[2]而文[3]，温[4]而理[5]，知远之近，知风之自，知微之显，可与入德矣。

——《礼记·中庸》

注释

〔1〕淡：淡然。

〔2〕简：简约。

〔3〕文：文采。

〔4〕温：温和。

〔5〕理：条理。

译文

君子之道，淡然而不令人生厌，简约而富有文采，温和而有条理，由近而知远，溯流而知源，见著而知微，这样就可以进入道德修养之门了。

解析

君子的形象是一个"温而理"的形象。子贡说孔子"温良恭俭让"，温：和蔼敦厚；良：平易正直；恭：庄重诚敬；俭：节约去奢；让：先人后己。温而理、温良恭俭让，是人的内在修养，从政者首先要有良好的品德修养。

儒有可亲而不可劫也，可近而不可迫也，可杀而不可辱也。其居处不淫〔1〕，其饮食不溽〔2〕，其过失可微辨〔3〕而不可面数〔4〕也。

—— 《礼记·儒行》

注释

〔1〕淫：奢侈豪华。

〔2〕溽：滋味浓厚。

〔3〕微辨：私下予以指出。

〔4〕面数：当面数落。

译文

儒者可以亲密而不可以威胁，可以亲近而不可以强迫，可以杀害而不可以羞辱。儒者的住处不追求豪华，儒者的饮食不讲究丰盛，儒者也许会有过失，其过失可以私下指出，不可以当众指责。

解析

儒者看重节操，所谓"士可杀不可辱"，成为后世儒者、君子的基本情操，此语的原始出处就在这里。孟子的"威武不能屈"，其意也是如此。

清廉从政　勤勉奉公

儒有内称不辟〔1〕亲，外举不辟怨，程功〔2〕积事〔3〕，推贤而进达之，不望其报；君得其志，苟利国家，不求富贵。

——《礼记·儒行》

注释

〔1〕辟：避。

〔2〕程功：衡量功劳。

〔3〕积事：积累事迹。

译文

儒者向朝廷推荐官员，只看能力与德性，不管是自己的亲属，还是自己的仇人，只要能力德性良好，不避嫌疑也要推荐。在推荐前，儒者会充分衡量初推荐者的功劳，也会仔细审察被推荐者的事迹，他推荐贤者，并不指望得到对方的回报，只是为了满足君主对于人才的需要，只是为了有利于国家，自己根本没有想过通过荐贤而得到奖赏。

解析

春秋时期，晋国大夫祁奚善荐贤。晋悼公请祁奚推荐人才，他推荐解狐，而解狐是他的仇人，他也推荐自己儿子。人们称祁奚"外举不避仇，内举不避子"。儒者遵守的原则是正直，是唯才是举、唯德是举。公平、公正、端正、正直，永远都是儒者所遵守的基本原则，而举荐贤良之士，更应当坚守公平、公正的原则，更应当坚持推贤而不望其报、利国而不求富贵的原则。

儒有闻善以相告也，见善以相示也；爵位相先〔1〕也，患难相死也；久相待〔2〕也，远相致〔3〕也。

——《礼记·儒行》

注释

〔1〕相先：让对方先，即相让。

〔2〕相待：朋友不得提拔，自己亦等待与其一同提拔。

〔3〕相致：朋友在他国不得志，邀请其来与己一同出仕。

译文

儒者对待朋友，听到好的有益的话一定向他报告，看到有益的事一定向他展示。爵位有了空缺，首先考虑的是朋友；大难临头时，首先考虑朋友的安危，而把危险留给自己，甚至为他而献身。朋友长期不得志，得不到提拔，自己就不肯得到提拔；朋友在他国不得志，得不到重用，就设法将他招来与自己一同出仕。

解析

孔子讲："乐道人之善"，"恶称人之恶"，又讲："君子无所争"。利益面前不争夺，不宣扬别人不好的事，是一个人人格好坏的重要标志。宋人张浚说："乐道人之善，恶称人之恶，此君子也；人之有善，必攻其所未至而掩之，人之有过，则欣喜自得如获至宝，旁引曲偕必欲开陈于人主之前，此小人也。"张浚所言很是形象具体。和孔子及《儒行》的说法是一致的。《儒行》中的讲法很是具体，如："爵位相先也，患难相死也"，爵位首先考虑的是朋友，危难时首先

清廉从政　勤勉奉公

考虑的是朋友的安危；"久相待也"，朋友不能得到提拔，自己也不肯得到提拔，这种真诚友善的待友之道，至今仍具有重要的意义，至今仍值得进一步发扬。

儒有澡身而浴德，陈言而伏，静而正之。上弗知也，粗〔1〕而翘〔2〕之，又不急为也。不临深而为高，不加少而为多。世治不轻〔3〕，世乱不沮。同弗与〔4〕，异弗非也。

——《礼记·儒行》

注释

〔1〕粗：疏，微。

〔2〕翘：提醒。

〔3〕轻：自轻自贱。

〔4〕与：赞扬。

译文

儒者洁身自好，注重道德修养。陈述己见而悉听君命，心安理得恪守臣道。如果君王对自己的善言未加重视，则在适当时候委婉地予以提醒，但却又不操之过急。不在地位低的人面前妄自尊大，不在功劳少的人面前自夸功高。遇到盛世，不因自己功勋少而自轻自贱；遇到乱世，不因自己得不到重用无力改变世道而感到沮丧。对观点与自己相同的人不随便吹捧，对观点与自己不同的人不随意攻击。

解析

澡身浴德，洁身自好，谦虚谨慎，不自傲自大，不自以为了不起，不攻击他人，也不吹捧他人，公正廉洁，是一个人品德高尚的表现。《儒行》所言，具体而微。如："陈言而伏，静而正之。上弗知也，粗而翘之，又不急为也。"陈述己见，这是直陈，这是下级对上级尽职尽责。但"上弗知也"，上级对自己的善言未加重视，可以在适当时候委婉提醒，这是谏，但却要是"几谏"，即适时而委婉地谏。孔子说："事父母几谏"。《白虎通》说："人怀五常，故有五谏"。五谏之中有"窥谏"："窥谏者，礼也，视君颜色不悦且却，悦则复前，以礼进退，此礼之性也。"窥谏将几谏具体化。《儒行》所言之谏就是几谏。还有："不临深而为高，不加少而为多。"不在地位低的人面前妄自尊大，不在功劳少的人面前自夸功高，这是谦。而谦是《周易》及孔子、老子均大力提倡的美德。《周易·谦卦》曰："谦谦君子，用涉大川，吉。"孔子赞扬"孟之反不伐"，老子讲"自伐者无功"。谦虚谨慎，是做人之基本，也是为官从政之基本。

儒有合志同方〔1〕，营道同术；并立〔2〕则乐，相下〔3〕不厌〔4〕；久不相见，闻流言不信；其行本方立义，同而进，不同而退。

——《礼记·儒行》

注释

〔1〕合志同方：志同道合。

〔2〕并立：彼此均取得成就。

〔3〕相下：彼此有了差距。

〔4〕不厌：不嫌弃。

译文

儒者与朋友志同道合，共同营造良好的道统秩序。彼此均有成就则皆大欢喜，彼此有了差距也不嫌弃。彼此久不相见，不听信流言。其行为以方正道义为根本。思想观念相同，就做好朋友，思想观念不同，就敬而远之。

解析

志同道合，并立则乐，相下不厌，闻流言不信，这才是真正意义的朋友。人之有成，如己之有成；人之有善，如己之有善；人之吉祥，如己之吉祥。有成、有善，而同乐。人之有灾，如己之有灾；人之有祸，如己之有祸。有灾、有祸，而同忧。志同道合的朋友，应当如此；当政者、从政者同事之间，也应当如此。

儒有不陨获[1]于贫贱，不充诎[2]于富贵，不愿[3]君王，不累长上，不闵[4]有司，故曰儒。

——《礼记·儒行》

注释

〔1〕陨获：困顿失志。

〔2〕充诎：欢喜失节。

〔3〕愿：辱没。

〔4〕闵：怜悯。

译文

儒者不因贫贱而困顿失志，不因富贵而骄逸失节，不辱没君王，不牵累上司，不给具体办事人员带来麻烦。所以才被称为儒。

解析

孟子说："富贵不能淫，贫贱不能移，威武不能屈，此之谓大丈夫。"儒者不仅要有良好的仁心、善心，与人为善，关爱他人，亲亲、仁民、爱物，而且要有坚定不移的操守，这种操守不仅包括不因贫贱而失志，不因富贵而骄逸，也包括不辱没君王，不牵累上司。对于一个当政者、从政者，更应当如此。

《诗》云:"於戏〔1〕!前王不忘。"君子贤其贤而亲其亲,小人乐其乐而利其利,此以没世〔2〕不忘也。

—— 《礼记·大学》

注释

〔1〕於戏(wū hū):同"呜呼"。

〔2〕没世:去世。

译文

《诗经》有言曰:"前代君王真使人难以忘怀啊!"君子尊敬贤人而爱其亲人,小人只知享受物质上的快乐和得到具体的实惠,正因为此,前代君王虽然去世,但人们还是不能忘记他们。

解析

尊贤、尚贤,是君子之德。孔子说:"见贤思齐焉"。不仅要尊贤,还要向贤者学习。儒家有尚贤理论,墨家也有尚贤理论。墨子曰:"故国有贤良之士众,则国家之治厚;贤良之士寡,则国家之治薄。故大人之务,将在于众贤而已。"尊贤、敬贤、尚贤,也是政治生活必不可少的。从政者要想被人们称颂而不被人忘怀,就必须尊贤、敬贤。国家、政府应当尚贤,社会、人民应当尊贤、敬贤,要养成尊贤、敬贤的社会风气。

清廉从政　勤勉奉公

人有不为〔1〕也，而后可以有为。

——《孟子·离娄下》

注释

〔1〕不为：有所不为，自觉不做某事。

译文

人有所不为，才可以有所作为。

解析

无为并不是不做事，而是有意识地不做不该做的事。老子讲："为无为，事无事，味无味。"又讲："为无为，则无不治。"正因为人有不为，正因为人有意识地不做不该做的事，他才有时间、有精力去做他想做的事，才有时间、有精力去做应当做的事。有所为有所不为，有所不为，才可以有所为。

可以取，可以无取，取，伤廉〔1〕；可以与，可以无与，与，伤惠〔2〕；可以死，可以无死，死，伤勇〔3〕。

——《孟子·离娄下》

注释

〔1〕廉：廉洁。

〔2〕惠：恩惠。

〔3〕勇：勇敢。

译文

可以取得，可以不取得，取了就有损于廉洁的美德；可以给予，可以不给予，给予就有损于恩惠的美德；可以死，可以不死，死了就有损于勇敢的美德。

解析

政治人物的两个最重要的因素：一是正，是正直，是端正；二是廉，是廉洁，是不贪。廉正守住了，就守住了底线。虽不至于留下丰功伟绩，但也不至于留下骂名而遗臭于后世。《管子·牧民》讲"国之四维"，认为："国有四维。一维绝则倾，二维绝则危，三维绝则覆，四维绝则灭。倾可正也，危可安也，覆可起也，灭不可复错也。何谓四维？一曰礼，二曰义，三曰廉，四曰耻。"宋人欧阳修说："礼、义，治人之大法；廉、耻，立人之大节。盖不廉则无所不取，不耻则无所不为。"《管子》将廉当作国之四维之一、即国

家得以存在的基本支柱之一，欧阳修将廉当作立人之大节。政治人
物之立身，当以廉为基础。

非其义也，非其道也，禄[1]之以天下，弗顾也；系马千驷，弗视也。非其义也，非其道也，一介不以与人，一介[2]不以取诸人。

——《孟子·万章上》

注释

〔1〕禄：俸禄。

〔2〕介：芥。

译文

不合乎义的，不合乎道的，即使将整个天下当成俸禄献给他，他也不会看一眼；即使有四千匹马系在那里，等他来取，他也不会回头望一望；不合乎义的，不合乎道的，一根草也不给人，一根草也不会从人那里取。

解析

做人要讲道义，为官更要讲道义。儒家特别强调邦有道与邦无道。邦有道，可以仕而禄；邦无道，还仕而禄，是无耻的表现。孔子更有言曰："富与贵，是人之所欲也，不以其道得之，不处也。"孟子所谓"非其义也，非其道也，禄之以天下，弗顾也"。是对孔子思想的继承与发挥。

有天爵〔1〕者，有人爵〔2〕者。仁义忠信，乐善不倦，此天爵也；公卿大夫，此人爵也。古之人修其天爵，而人爵从之。今之人修其天爵，以要人爵；既得人爵，而弃其天爵，则惑之甚者也，终亦必亡而已矣。

——《孟子·告子上》

注释

〔1〕天爵：生而自有的爵位。

〔2〕人爵：人所授受的爵位。

译文

有天赐的爵位，有人授予的爵位。仁义忠信，一心行善而乐此不疲，这是天赐予人的爵位；公卿大夫，这是人所授予的爵位。古代人修养自己天赐的爵位，人授的爵位自然就有了。现在的人修养自己天赐的爵位，以此来谋求人授的爵位；一旦获取人授的爵位，就抛弃天所赐予的爵位，这实在是太过糊涂了，最终的结果必然是人授的爵位也会随之而丢掉。

解析

孟子认为："恻隐之心，人皆有之；羞恶之心，人皆有之；恭敬之心，人皆有之；是非之心，人皆有之。恻隐之心，仁也；羞恶之心，义也；恭敬之心，礼也；是非之心，智也。仁义礼智，非由外铄我也，我固有之也。"仁义礼智，是人所本有的。仁义忠信，是人的天爵，是上天赐予人的爵位。修养天爵，自然可以获得人所授予的爵位。获取了人爵，还应当继续修养天爵。天爵是根、是本，不可以本末倒置。

士穷〔1〕不失义，达〔2〕不离道。穷不失义，故士得己〔3〕焉；达不离道，故民不失望焉。古之人，得志，泽加于民；不得志，修身见于世。穷则独善其身，达则兼善天下。

——《孟子·尽心上》

注释

〔1〕穷：精神层面的穷困。

〔2〕达：精神方面的显达。

〔3〕得己：自得。

译文

士人穷困时，不失去义，显达时，不背离道。穷困时不失去义，由此士获得了真正的自我；显达时不背离道，由此老百姓不会对他感到失望。古代的贤人，得志时施恩惠于百姓；不得志时，修养身心以为百姓树立榜样。穷困时独自完善自己的人格，显达时给天下人带来恩惠。

解析

穷不失义，达不离道，这是士大夫的节操，也是从政者的节操。得志时，施恩惠于百姓；不得志时，修身以为百姓树立榜样。"穷则独善其身，达则兼善天下"，多少人以此当作座右铭，这个思想影响了中国几千年，影响了一代又一代知识分子。孟子还讲："无恒产而有恒心者，唯士为能。若民，则无恒产，因无恒心。"对于普通民众而言，有恒产有恒心，无恒产无恒心；而对于士而言，无恒产也应有恒心。士是知识分子，是管理阶层，讲的是节操，而不是唯利是图，更不是不择手段。"穷不失义，达不离道"，这是最基本的节操。

养心莫善于寡欲〔1〕。其为人也寡欲，虽有不存〔2〕焉者，寡矣；其为人也多欲，虽有存焉者，寡矣。

——《孟子·尽心下》

注释

〔1〕欲：私欲。

〔2〕存：保存。

译文

修养身心没有比减损私欲更好的方法了。一个人其私欲少，其本有的善性即使有所缺失，也会比较少；一个人私欲多，即使其本有的善性有所保留，也会比较少。

解析

欲多则贪，贪而无厌，其结果一定是恶劣的。儒家认为，士之修养，必须从养廉开始，养廉必须从寡欲开始。一个人私欲少，必然廉。所以，孟子提倡"养心莫善于寡欲"。对"养心莫善于寡欲"，陆象山有所发挥。在陆象山看来，"吾心之良，吾所固有也。吾所固有而不能以自保者，以其有以害之也。……夫所以害吾心者何也？欲也。欲之多，则心之存者必寡；欲之寡，则心之存者必多。故君子不患夫心之不存，而患夫欲之不寡，欲去，则心自存矣。"所以，修养身心没有比减损私欲更好的方法了。个体修养是如此，为官从政更是如此。

见善，修然〔1〕必以自存也；见不善，愀然〔2〕必以自省也。善在身，介然〔3〕必以自好也；不善在身，菑然〔4〕必以自恶也。

——《荀子·修身》

注释

〔1〕修然：一丝不苟。

〔2〕愀然：心怀忧惧。

〔3〕介然：坚定，坚决。

〔4〕菑然：心怀灾祸必至。

译文

看到善，要一丝不苟地对照自己将善保存下来；见到不善，要心怀忧惧地反省自己使不善不接近自己；自己身上的善，要坚决地爱护它；自己身上的不善，要清楚地知道它将来一定会危害到自己，所以要将其尽快清除。

解析

孔子说："见贤思齐焉，见不贤而内自省也。"思齐、自省，是人身修养的重要方法。《大学》云："自天子以至于庶人，壹是皆以修身为本。"修身的关键是存其善而去其不善。自己身上的善要保存，自己身上的不善要努力去除。王阳明将修养功夫概括为"致良知"。"所谓致知格物者，致吾心良知于事事物物也；吾心之良知，即所谓天理也；致吾心良知之天理于事事物物，则事事物物皆得其理矣。致吾心之良知者，致知也；事事物物皆得其理者，格物也；是合心与理而为一者也。""致良知"的关键是存善、致善、养善。

其意也是如此。

凡论人，通则观其所礼，贵则观其所进〔1〕，富则观其所养，听则观其所行，止则观其所好，习〔2〕则观其所言，穷则观其所不受，贱则观其所不为。喜之以验其守，乐之以验其僻，怒之以验其节，惧之以验其特〔3〕，哀之以验其人〔4〕，苦之以验其志。

——《吕氏春秋·论人》

注释

〔1〕进：举荐。

〔2〕习：日常状态。

〔3〕特：独特，卓越。

〔4〕人：仁。

译文

大凡品评、衡量人，通达时观察其礼遇何人，尊贵时观察其推荐何人，富裕时观察其赡养何人，听进言时观察其采纳何种，闲居时观察其所爱好，日常生活观察其所言，穷困时观察其不接受什么，贫贱时观察其所不为。高兴时检验其是否有节操，快乐时观察其是否有怪癖，发怒时检验其是否有涵养，恐惧时检验其是否卓越，悲哀时检验其是否有仁心，困苦时检验其是否有毅志。

解析

孔子曾说："视其所以，观其所由，察其所安。人焉廋哉？人焉廋哉？"《吕氏春秋》对于人物的观察可谓更加全面而详细。如：

133

"穷则观其所不受，贱则观其所不为"，穷困时观察其不接受什么，贫贱时观察其所不为。人在穷困贫贱时容易失志失节，所以孔子讲"贫而无怨难，富而无骄易。"贫穷对于人的操守是极大的考验。孔子又说："君子固穷，小人穷斯滥矣。""固穷"是穷亦固，是在穷困之时还能坚持固守其志向与节操，而小人一旦穷困潦倒，则可能胡作非为，甚至无所不为。所以，观察一个人穷困贫贱时如何，是对一个人最为直接亦最为简洁的考察。

临大利而不易〔1〕其义，可谓廉矣。廉，故不以贵富而忘其辱。

——《吕氏春秋·忠廉》

注释

〔1〕易：改变，也有交易之义。

译文

面临大利时而不改变做人的基本道义，不会见利忘义，如此可以称为廉洁。因为廉洁，所以不会因为富贵而忘记行为不当所可能带来的耻辱。

解析

孔子讲："君子喻于义，小人喻于利"，又讲"见利思义"。"临大利而不易其义"，是"见利思义"思想的具体化，也是对人格精神、人品操守最大的考验。见利思义，义然后取，这才是廉。官员不可不正，亦不可不廉。廉与正，是从政者最重要的品质。

士之为人，当〔1〕理不避其难，临患忘利，遗生〔2〕行义，视死如归。有如此者，国君不得而友，天子不得而臣。大者定天下，其次定一国，必由如此人者也。

——《吕氏春秋·士节》

注释

〔1〕当：符合。

〔2〕遗生：舍生。

译文

士之为人，符合义理，就不躲避危难；面临大患，能忘却私利，舍生取义，视死如归。有如此品德之人，国君不能将他当作朋友，天子不能把他当成臣下。大则定天下，其次定一国，必须依靠如此之人。

解析

士之为士，最为重要的不是才能，而是节操。孟子说："无恒产而有恒心者，唯士为能。"这就是节操，士最不可丢失的正是节操。"临患忘利，遗生行义，视死如归"，就是节操。有如此节操之人，才是定国安邦之人。

古之存己者，乐德而忘贱，故名不动志；乐道而忘贫，故利不动心。名利充天下，不足以概〔1〕志，故廉而能乐，静而能澹〔2〕。

——《淮南子·诠言训》

清廉从政　勤勉奉公

注释

〔1〕概：通慨，感慨。

〔2〕澹：澹泊。

译文

古代善于保全自己的人，乐于德性的养成，而不在意地位之卑贱，所以，名誉不能动摇他的志向；乐于守持道德，而不在意生活的贫困，所以，利益不能动摇他的心志。天下之人都在争名夺利，而圣人则不以名利易志，因此能够做到廉洁而快乐，宁静而澹泊。

解析

"乐德而忘贱"，故不为名。不为名，名不足以动志。"乐道而忘贫"，故不为利。不为利，利不足以动心。志坚而心恒，故能守廉，故能持静。廉则不贪，静则不动。不为利益而动摇自己的心志。天下之人都在争名夺利，而圣人则不以名利易志。名利不足以惑其心志，故此而能守廉，并且能从廉中感受到乐趣。孔子所谓的"贫而乐"，其意即是如此。"贫而乐"，不是"贫"给人带来乐，而是身处于"贫"中，却能够守志，能够"固穷"，能够坚持节操，

不胡作非为，这种守志、这种坚质，可以给人带来乐趣。"廉而能
乐"与"贫而乐"，在思想意识上是一致的。

第三篇

勤勉奉公

为政者要有『任重道远』的意识。曾子曰：『仁以为己任，不亦重乎？死而后已，不亦远乎？』因为任重而道远，所以为政者要勤勉，儒家强调人的自我完善、自我进步、自我成长，强调『求诸己』而非『求诸人』。『求诸己』就是在自己身上找原因。在自己身上找原因，就可以做到『不怨天，不尤人』。在自己身上找原因，就可以做到『下学而上达』，通过不断努力学习，刻苦磨炼，不断提高自己的思想境界和工作能力。

要时时刻刻保持刚健自强的姿态，永远保有忧患意识与危机意识，

君子终日乾乾〔1〕，夕惕若厉〔2〕，无咎〔3〕。

——《周易·乾·九三》

译文

君子时时刻刻保持刚健自强的姿态，永远保有忧患意识与危机意识，这样的人是不会有祸患的。

解析

乾卦的卦形是乾下乾上，故称为乾乾。而乾的基本品性是健，所以乾乾的意思就是健而又健。健而又健不是只是今天健。今天健、当下健是容易的。健而又健是要始终保持一种积极有为、刚健坚强的姿态。始终保持一种积极刚健的状态，是难能可贵的。而夕惕若厉，是至夕仍然怀有忧患意识与危机意识，忧患意识是安而思危，危机意识是不懈惰而时刻保持警惕。一个人，时刻保持积极刚健的姿态，永远保有忧患意识与危机意识，又怎么会有危机与祸患呢？做人如此，作为一个服务于公共事业的公职人员，当然更应当如此。

履道坦坦〔1〕，幽人〔2〕贞吉。

——《周易·履·九二》

注释

〔1〕履道坦坦：所履之道平坦。

〔2〕幽人：隐居之人。

译文

以谦逊的姿态，退隐而行于幽谷之平坦之道，吉祥而无不利。

解析

履道：所履之道，所行之道；坦坦：平坦、平直。老子说："大道甚夷，而人好径。"夷是平坦，径是捷径。在我们每个人的面前都摆着一条平坦不曲的大道，但是很多的人不走大道、正道，而要谋取一条捷径。谋取捷径的人多了，走在大道上、正道上的人就少了。走在正道上的人少了，就显得寂寞，就成了幽人。然而，幽人并不孤独。走正道，坚定不移地走正道，特别是国家工作人员，坚持原则走正道，给国家带来的是福利、给百姓带来的是安乐，故曰"贞吉"。作幽人，作正直的履道者，作正义与原则的践行者，一定"贞吉"，一定正直而吉祥。

无平[1]不陂[2]，无往不复。艰贞无咎，勿恤[3]其孚[4]，于食有福。

——《周易·泰·九三》

注释

〔1〕平：平安。

〔2〕陂：斜面，引申为险；无平不陂：平安终将变成危险。

〔3〕恤：忧。

〔4〕孚：所期之信。

译文

平安不会永久平安，平安之后也会有危险，往必将成为返。于艰难之中而固守贞正，不用忧虑所期待的不到来，禄食福利定然会如期而至。

解析

平安久了就会有不平安，往必然会成为返。如何对待险情？如何对待危机？于艰难之中固守贞正，而不是用忧虑期待幸福，而不是用忧虑等待好运。老子说："祸兮福之所倚，福兮祸之所伏。"以准备好的姿态守护平安，以准备好的心态迎接各种危机和挑战，在艰难困苦之中保持坚贞。一个人应当有这样的操守，一个国家、一个地域也应当有这样的工作人员。每个人、特别是国家机关工作人员，时刻都要保持这样的精神状态。

清廉从政　勤勉奉公

谦谦君子，用涉〔1〕大川〔2〕，吉。

——《周易·谦·初六》

注释

〔1〕涉：涉渡。

〔2〕大川：大河，引申为险阻。

译文

谦而又谦的君子，遇到艰难险阻，也会逢凶化吉。

解析

谦而又谦，谓之谦谦。谦谦意即永远保持谦虚谨慎的态度，时刻提醒自己永远不要自鸣得意，永远不要自以为了不起。有了这样的心理态度，有了这样的精神，一切都会逢凶化吉，一切都会坐享成功。所以《周易》六十四卦之一卦，就是"谦"卦。谦卦告诉我们，做人要低调，要时刻保持危机意识。只有保持谦卑的态度，只有在危急关头保持危机意识，才会做大事，识大体，才会化险为夷，才会逢凶化吉。

劳谦〔1〕，君子有终，吉。

——《周易·谦·九三》

注释

〔1〕劳谦：勤劳而守谦。

译文

勤劳而有功劳又很谦逊，这样的君子一定有好结果，因此吉祥。

解析

谦是美德，做人低调，谦逊，不仅会赢得别人的尊重，也会得到别人的帮助，所以，做事不难，逢凶化吉。孔子的先祖正考父辅佐宋戴公、武公、宣公，地位越来越显赫，但从不自满。家庙鼎有铭文曰："一命而偻，再命而伛，三命而俯，以循墙而走。"（《春秋左传》昭公七年）随着地位的不断提高，走路时头越来越低了，以至于顺着墙根走路。正因为谦逊、低调，又加之勤劳，所以，"君子有终"，这样的君子必定会有一个好结果。

清廉从政　勤勉奉公

145

不恒其德，或承〔1〕之羞〔2〕，贞吝〔3〕。

—— 《周易·恒·九三》

注释

〔1〕承：蒙受。

〔2〕羞：羞辱。

〔3〕吝：遗憾，遗恨。

译文

不能恒久保持美德，可能会蒙受羞辱，即使动机纯正，也难免留下遗恨。

解析

恒是坚守、坚持、保持。坚守人本有的善良的、美好的德性，并且不断保护它，当然是好的，是道德的行为。相反，如果不能坚守本有的美德，也就是"不恒其德"，可能就要承受羞辱。即使"贞"，即使动机纯正，也难免留下遗憾，甚至遗恨。所以，长期坚守、保持美德，才是最为重要的。

立心〔1〕勿恒，凶。

——《周易·益·上九》

注释

〔1〕立心：树立心念，保守良好的心志。

译文

树立正确的心念、保持良好的心志而不能持久，定然会有凶险。

解析

立心，是要树立正确的心念，保持良好的心志。然而，"立心勿恒"，也就是不能坚守良好的心念，用现在话说，也就是"忘了初心"，这一定是不好的，是有凶险的。注意：这里用的不是"咎"，不是"吝"，不是"悔"，而是"凶"，是不好结果的最高等级。"立心勿恒"，是凶，是没结果，是没有好结果。人们常说"滴水穿石"，一滴水不可能穿石，水穿石靠的不是力量，而是坚持。立心为民，当不忘初心，矢志以恒。

乾道〔1〕变化，各正性命。保合大和〔2〕，乃利贞。

——《周易·象上传》

注释

〔1〕乾道：天道，自然界的运化流行。

〔2〕大：太；大和：最高意义的和谐、和睦与和平。

译文

一切存在遵从固有的法则自然而自由地运行变化，每一事物各受命成性，足于所受，定于性命，整个宇宙保持在完满的和谐、和睦与和平之中，万物皆因守正而得利益。

解析

自然界本身有恒定不变的法则，从政之人应当明白这一根本法则，其所作所为须遵守、顺应这一法则，促使每一事物按其固有的逻辑序列去运化、去变通，由各正性命，而大化流行。有了这样的各正性命，有了这样的大化流行，就有了"保合太和"，就有了自然领域的和谐与圆满，一切事物也可以从中得到保持的利益，万物皆从守正中获得利益。

天行健〔1〕，君子以自强不息。

——《周易·象上传》

注释

〔1〕健：强壮有力。

译文

天体运行，强壮有力，周而复始，有为之君子也应效法天，自勉自强，永不止息。

解析

这是《象传》解说乾卦的文字。《系辞》下曰："象也者，像也"。《象传》是对一卦之卦象及每卦之爻象的说明。乾是天，乾的品性是健，乾卦为乾下乾上之卦，是乾乾。乾乾也是健健，是健而又健。乾本身是天，所以乾乾，又是天健，是"天行健"。天健、天行健，以至于天乾乾，表达的都是强壮有力、周而复始、永远强盛的卦象。而君子，应当效法天，应当以天健为榜样，应当自勉自强，刚健有为。

清廉从政　勤勉奉公

君子进德修业。忠信，所以进德也；修辞立其诚，所以居业也。知至至之〔1〕，可与言几〔2〕也；知终终之，可与存义也。是故，居上位而不骄，在下位而不忧。故乾乾因其时而惕，虽危无咎矣。

——《周易·文言》

注释

〔1〕知至至之：知可至而至之。

〔2〕几：变之始，微而妙。

译文

德性良好的人，增进美德以营修绩业，守持忠信以促进德行，修饰言辞以立己之诚意，由此而成就一番绩业。明了事业发展的进程，努力将事项做到极处，从而具有预见事物隐蔽微妙变化的能力。明了事业发展的最终结果，努力做出最好的结果，从而促成事业的最佳状态。正因为此，德性良好的人，居高位而不傲慢，处下位而不忧愤，刚健有为，自强不息，时刻保持高度警惕，虽有时处于危险，也不会有过失与祸患。

解析

此言取自《文言》。《文言》是关于乾坤二卦的专论。乾是天，是刚健的象征，也是君子效法的对象。由乾而言君子，君子要进德，要修业。进德的关键是忠信，修业要立诚，要有知，要有先见之明，要不骄不忧，要时刻保持警惕。此言君子，今之一切从政者，大体都应当如此，大体都应当以进德修业为要务。

　　夫大人〔1〕者，与天地合其德，与日月合其明，与四时合其序，与鬼神合其吉凶，先天而天弗违，后天而奉天时。天且弗违，而况于人乎？况于鬼神乎？

——《周易·文言》

│注释│

　　〔1〕大人：有大德、有大行、品德高尚而身处高位的人。

│译文│

　　有德行而身处高位的大人，以天地为其效法的对象，其德性如天地之德性，其智慧如日明之明辉，其行为如四时流变而有贞正，其作为有若鬼神而影响到事物的吉凶。先于天而行而不与天相违背，后于天而行而能因应天地之运化。天尚且不背离他，更何况于人！更何况于鬼神！

│解析│

　　这段文字还是《文言》论说乾卦的。乾为天，高高在上，为日月，为四时，统鬼神，大人以天为法，就应当效法天。这里的大人，更主要的是指身处高位的人，是比君子地位更高的人，同时也是品德高尚的人。大人效法天，而不违背天，天也不背离他，人也不背离他，鬼神也不背离他。中国哲学强调"天人合一"。天地间一切事物的运行法则，同时也是人必须遵守、必须坚持的基本法则，人与自然界的事物在总体上是和谐、和睦的，并且人必须与自然界的事物和谐共处、和睦相处。

君子安而不忘危，存而不忘亡，治而不忘乱〔1〕，是以身安而国家可保也。

——《周易·系辞下》

┃注释┃

〔1〕安危、存亡、治乱：一正一反。

┃译文┃

君子身处安全而不忘记危险，生存平安而不忘记灭亡，社会安定而不忘记祸乱，正因为此，其自身安全，而家与国可保平安。

┃解析┃

《系辞》是对于《周易》思想学说的总论，《系辞》并不具体论说各个卦的具体内容，而是从总体上论述《周易》的思想学说。正因为此，在《易传》各篇中，《系辞》上下，最具有哲学思想。安危、存亡、治乱，常处于伯仲之间。老子说："祸兮福之所倚，福兮祸之所伏。"君子立身处事、当政治民，不可不有忧患意识，安时而不忘危，存时而不忘亡，治时而不忘乱。有了这种意识、有了这种作为，就可以保身安，就可以保国。孟子说："生于忧患，死于安乐。"为政之人，特别是当政之人、执政之人，不可不有忧患意识。

克明俊〔1〕德，以亲九族。九族既睦，平章百姓。百姓昭明，协和万邦。黎民于变时〔2〕雍〔3〕。

——《尚书·尧典》

注释

〔1〕俊：大。

〔2〕时：是。

〔3〕雍：和睦。

译文

尧发明他的大德，使各个氏族和睦相处。各族既已和处，又明确彰显朝廷百官的职守。百官职事明确了，又进而协和其他的部落。于是天下黎民百姓都生活于祥和、和睦、快乐之中。

解析

《尚书·尧典》是讲尧的事迹的。尧是儒家最为推崇的君主。《汉书·艺文志》讲述诸子百家，讲到儒家的时候说："祖述尧舜，宪章文武。"将尧当作儒家推崇的榜样。韩愈讲儒家道统，将尧当成儒家道统的创立者。"斯吾所谓道也，非向所谓老与佛之道也。尧以是传之舜，舜以是传之禹，禹以是传之汤，汤以是传之文武周公，文武周公传之孔子，孔子传之孟轲；轲之死，不得其传焉。"尧在儒家道统中的地位，无人可比。尧注重修身，并且能发扬自己的大德，使各个部族和睦相处，又使朝廷百官明了职守，使天下黎民百姓生活祥和、和睦、快乐当中。后世为政者，要效法尧，以尧为榜样。

帝曰："契〔1〕，百姓不亲，五品〔2〕不逊。汝作司徒〔3〕，敬敷〔4〕五教〔5〕，在宽。"

——《尚书·舜典》

注释

〔1〕契：人名，舜时为司徒之官。

〔2〕五品：五种品格，所谓父子有亲、君臣有义、夫妇有别、长幼有序、朋友有信。

〔3〕司徒：职掌林田教化之事。

〔4〕敷：布、展开。

〔5〕五教：父义、母慈、兄友、弟恭、子孝。

译文

帝舜说："契！现在老百姓缺乏亲善，人伦关系以及礼法伦常都不是很好，你来担任司徒之官，应大力推行父义、母慈、兄友、弟恭、子孝之人伦道德，但不要过于严厉，以宽容为宜。"

解析

《舜典》讲的是舜的事迹。舜时契为司徒，职掌教化民众之事。舜很看重对于民众的教化，百姓不亲，五品不逊，是其忧也。这种忧甚至不是统治权的问题，而是民众安居乐业的问题，而是社会和谐的问题。他请契教民五教，也就是父义、母慈、兄友、弟恭、子孝，这些全都是家庭伦理，而家庭和谐是社会和谐稳定的根本。正像《大学》所讲的："家齐而后国治，国治而后天下平。"但舜同时

清廉从政　勤勉奉公

又指出，伦理道德不宜过严，以宽容为好。教民五教，从政者当然首先应当"敬敷五教"，应当以身作则。

帝曰："夔〔1〕！命汝典〔2〕乐，教胄子〔3〕，直而温，宽而栗〔4〕，刚而无虐，简而无傲。"

——《尚书·舜典》

注释

〔1〕夔：人名，司掌音乐。

〔2〕典：司掌。

〔3〕胄子：贵族长子。

〔4〕栗：庄重。

译文

帝舜说："夔！任命你为乐正之官，请你教导贵族子弟，教他们正直而温和，宽容而庄重，刚毅而不暴虐，简约而不傲慢。"

解析

舜任命夔作乐正之官。"命汝典乐"与契的"汝作司徒"，意义有所不同。契的"汝作司徒"，契的司徒之职是否为舜所任命，并不清楚，有人认为契在尧执政时就是司徒。而夔的"命汝典乐"，明显是舜任命夔作典乐。典乐之官同时担任教育的工作。所以，舜告诉夔："教胄子，直而温，宽而栗。"胄子即是贵族长子，是将来继承爵位、管理国家社会事务的人，是国家公务员的后备队伍。对于贵族子弟，也就是国家管理人才的教育，舜提出的要求是：正直而温和，宽容而庄重，刚毅而不暴虐，简约而不傲慢。这应当是中国历史上第一次关于国家公务员教育标准的内容，这一内容现今仍然具有意义。

五事〔1〕：一曰貌，二曰言，三曰视，四曰听，五曰思。貌曰恭，言曰从，视曰明，听曰聪，思曰睿。恭作肃，从作乂〔2〕，明作哲，聪作谋，睿作圣。

——《尚书·五行》

注释

〔1〕五事：人主所敬重的五种事项。

〔2〕乂：治理。

译文

君王所要敬重的五件事：一是仪态，二是言语，三是观察，四是闻听，五是思虑。仪态要恭敬，言语要柔顺，观察要明辨，闻听要择其善，思虑要明智。仪态恭敬就显得庄重，言语柔顺就会得到广泛支持，善于观察就能明辨是非曲直，善于听取意见就会有好的谋略，善于思考就能做到明察秋毫。

解析

这里讲的是君王所要重视的五件事。仪态和言语是外在的，观察、闻听、思虑是内在。执政者要注重自己的仪态和言语，仪态要恭敬庄重，言语要柔顺。但更为重要的是内在的，要善察、善闻、善虑，要能明辨是非曲直，要广泛听取各方面意见，要善于思考以做到明察秋毫。这里涉及执政者的能力，但更强调其修养。

惟辟[1]作福，惟辟作威，惟辟玉食[2]。臣无有作福、作威、玉食。

——《尚书·五行》

注释

〔1〕辟：君主。

〔2〕玉食：美食。

译文

只有君主才有权给予百姓以幸福，只有君主才能给予百姓以刑罚，只有君主才能享受锦衣玉食。臣子无权给予百姓以幸福，无权给予百姓以刑罚，也无权享受锦衣玉食。

解析

唯有君主才可以作威作福。后代法家韩非也是这样讲的。韩非在《二柄》中讲，只有君主才拥有两种至高无上的权力，即赏与罚的权力。如果这种权力为臣子使用，国家是会危亡的。治国依法，君主和臣子都要守法。当今社会也是一样，国家工作人员要忠于职守，而不可以越权。

臣之有作福、作威、玉食，其害于而家，凶于而国。人〔1〕
用侧颇〔2〕僻〔3〕，民〔4〕用僭〔5〕忒〔6〕。

——《尚书·五行》

注释

〔1〕人：在位官员。

〔2〕颇：倾斜。

〔3〕僻：邪僻。

〔4〕民：民众。

〔5〕僭：作乱。

〔6〕忒：作恶。

译文

臣子如果可以给予百姓以幸福、可以给予百姓以刑罚、可以享
受锦衣玉食，必将有害于家，有害于国。如果这样，百官都将走上
邪路，老百姓也会作乱作恶。

解析

臣不能作威作福，国家工作人员应当恪尽职守。董仲舒在《天
地之行》中讲道："为人臣者，其法取象于地，故朝夕进退，奉职
应对，所以事贵也；供设饮食，候视疢疾，所以致养也；委身致命，
事无专制，所以为忠也；竭愚写情，不饰其过，所以为信也；伏节
死难，不惜其命，所以救穷也；推进光荣，褒扬其善，所以助明
也；受命宣恩，辅成君子，所以助化也；功成事就，归德于上，所

以致义也。"为人臣应当取法于地，以地为效法的对象。其中有"委身致命，事无专制"，有"竭愚写情，不饰其过"，有"伏节死难，不惜其命"，这都是为人臣的具体要求。也有"功成事就，归德于上"，即将自己的功劳归功于上级、归功于君王。除去时代性的因素，这些论述也有抽象性的意义。即在竭诚做好本职工作的同时，不把功劳据为己有，不贪功求荣，应当竭诚而清廉，勤勉而奉公。

君子食无求饱，居无求安，敏于事而慎于言，就〔1〕有道而正〔2〕焉，可谓好学也已。

——《论语·学而》

注释

〔1〕就：亲近。

〔2〕正：端正。

译文

君子于饭食不求过饱，于居住不求安逸，做事勤快，说话谨慎，多与有德性的人接近以改正自己的不足，这样的人，可以说是好学之人。

解析

儒家教人做君子。在孔子看来，一个人要成为君子，靠的是学习与进步，"食无求饱，居无求安"，不追求物质生活的享受，做事勤快，说话谨慎，多与有德性的人接触以改正自己的不足，这是一个人好学的表现。君子不是天生的，而是养成的，人是要不断进步的。

不患无位，患所以立〔1〕；不患莫己知，求为可知也。

—— 《论语·里仁》

注释

〔1〕立：立与位在古语中时有通用，此处"立"字便是"不患无位"之"位"。

译文

不用担心自己没有权位，只需担忧自己有没有任职的本领；不用担心别人不知道你，只追求足以使人知道你的本领就可以了。

解析

这是《论语》中孔子所言。孔子教人要有理想、有抱负，要能成就一番事业。成就一番事业有时候需要一定的地位，孔子也不否定人们对于身份地位提升这样一种追求。"富与贵，是人之所欲也"。但孔子认为身份地位的提高有赖于个体人格与能力的提升。所以，不要担心自己没有显赫的权位，只需担忧自己有没有任职的本领；不用担心别人不知道你，只追求足以使人知道你的本领就可以了。在提升个体人格与能力的道路，需要勤勉，需要持续努力。

清廉从政 勤勉奉公

见贤〔1〕思齐焉，见不贤而内自省也。

——《论语·里仁》

注释

〔1〕贤：不仅是才能，还包括德性方面的修为。

译文

看到德性修为好的人，就要向他看齐、向他学习；看到德性修为不好的人，就要反省一下自己，反省自己有没有类似的毛病。

解析

这是《论语》中孔子所言。孔子注重人的自我成长、自我提升、自我完善，而自我提升的最简便的途径就是向他人学习。所以，孔子说："三人行必有我师"，又讲"就有道而正焉，可谓好学也已"。正因为此，孔子讲：看到德性修为好的人，就要向他看齐、向他学习；看到德性修为不好的人，就要反省一下自己，反省自己有没有类似的毛病。"见贤思齐"，这应该是学习的最佳途径。其实老子也有类似的思想。老子说："善人者，不善人之师；不善人者，善人之资。"善人是不善人的老师，不善人见到善人就应当向善人学习，这也就是"见贤思齐"。

古者言之不出，耻躬之不逮〔1〕也。

——《论语·里仁》

注释

〔1〕逮：达到。

译文

古时候人们不敢信口言语，就怕自己所说的没有能够做到。

解析

这是《论语》中孔子所言。孔子强调信，信是说到做到。要说到做到，就要慎言，就不要说大话，就怕自己所说的没有能够做到。所以孔子教人"敏于事而慎于言"，又讲"主忠信"。曾子说："吾日三省吾身"，第二就是"与朋友交而不信乎"。儒家讲信，道家也讲信，老子说："轻诺必寡信"。老子的"轻诺必寡信"与孔子的"古者言之不出，耻躬之不逮也"意思是一样的。

清廉从政　勤勉奉公

165

士不可以不弘[1]毅[2]，任重而道远。仁以为己任，不亦重乎？死而后已，不亦远乎？

——《论语·泰伯》

注释

〔1〕弘：大，强。

〔2〕毅：刚毅，果断。

译文

士不可以不刚强而有毅力，因为他责任重大，行程遥远。以行仁为己任，责任能不重大吗？到死方可结束，行程能不遥远吗？

解析

这是《论语》中曾子的话。士是低于大夫的职业性人才，主要从事职业性、专业性或管理性的工作。士与农、工、商不同，他不直接创造财富，不是生产性人员。国家管理、社会管理的主要群体，就是士。关于士，孟子有一句名言："无恒产而有恒心者，唯士为能。"士最可贵的就是操守，就是品德。曾子说"士不可以不弘毅"，不可以没有刚强而果断的意志力，因为"任重而道远"，之所以任重道远，是因为他们"仁以为己任"，是因为他们"死而后已"。曾子与孟子都强调士的品格，曾子还强调士的意志力。"仁以为己任"，以行仁为己任，这是一种责任；"死而后已"，到死其任务方可结束，这是一种操守。

不患人之不己知[1]，患其不能也。

——《论语·宪问》

注释

〔1〕不己知：不了解自己。

译文

不要担心别人不了解自己或误解自己，只担忧自己可能不能做到、做好。

解析

这是《论语》中孔子之言。儒家强调人的自我完善、自我进步、自我成长。孔子讲的"人不知而不愠"，"不患人之不己知，患不知人也"，曾子讲的"吾日三省吾身：为人谋而不忠乎？与朋友交而不信乎？传不习乎？"都是强调人的自我完善与自我成长。所以，不要担心别人不了解自己或误解自己，只担忧自己可能不能做到、做好。

不怨天，不尤〔1〕人。下学而上达。知我者，其天乎！

——《论语·宪问》

注释

〔1〕尤：责怪，归罪。

译文

对于自己困难的处境，不怨恨天，也不归罪他人。不断努力学习，刻苦磨炼，不断提高自己的思想境界和工作能力。能够理解我的，也许只有老天爷吧！

解析

这是《论语》中孔子之言。孔子说："君子求诸己，小人求诸人。""求诸己"就是在自己身上找原因。在自己身上找原因，就可以做到"不怨天，不尤人"。在自己身上找原因，就可以做到"下学而上达"：不断努力学习，刻苦磨炼，不断提高自己的思想境界和工作能力。遇到不好的情况、不好的结果，不把原因推之于客观方面，也不把责任推给别人，而是在自己身上找原因，而是通过反思、反省不断提高自己，这是孔子给我们指出的一条不断使自己进步的道路。

躬自〔1〕厚而薄责于人，则远怨矣。

——《论语·卫灵公》

注释

〔1〕躬：身；躬自：自身。

译文

对自己严格要求，而对他人甚少责备，自然不会招致怨恨。

解析

这是《论语》中孔子之言。儒家要求"与人忠"，即待人忠诚，但儒家并不要求别人如何待我。儒家只要求我如何待人，而不要求别人如何待我。曾子曰："吾日三省吾身，为人谋而不忠乎？与朋友交而不信乎？传不习乎？"并没有要求别人如何。孔子说："君子求诸己，小人求诸人。"君子只是要求自己。董仲舒说："仁之法，在爱人不在爱我；义之法，在正我不在正人。"儒家正己不正人、责己不责人的思想是一贯的。正因为此，对自己严格要求，而对他人甚少责备，自然不会招致怨恨。

清廉从政　勤勉奉公

君子病〔1〕无能焉，不病人之不己知也。

——《论语·卫灵公》

注释

〔1〕病：担忧。

译文

君子只担忧自己能力不够，而不担忧别人不了解自己。

解析

这是《论语》中孔子之言。儒家强调的是人格的自我成长与自我完善，所以，对于别人如何看我，儒家是忽视的。孔子说"人不知而不愠，不亦君子乎？"又说："不患人之不己知，患不知人也。"不要担忧别人不了解你，只担心你误解了别人。"不患人之不己知，患其不能也。"不要担忧别人误解了你，只担心你能力不够。孔子还说："不患无位，患所以立。"意思都是一致的。

君子求〔1〕诸己，小人求诸人。

——《论语·卫灵公》

注释

〔1〕求：要求，寻求。

译文

君子遇到问题总是从自身找原因，小人遇到问题总是推卸责任。

解析

这是《论语》中孔子之言。遇到问题从自身找原因，"不怨天，不尤人"，不把问题原因归咎于客观因素，不把责任推给他人，敢于承担责任，这是君子之行。相反，怨天、尤人，总是把问题原因归之于客观因素，总是把责任推之他人，这就是小人。求诸己还是求诸人，可以说是君子、小人最为鲜明的区别。对于一位从政者，特别是对于一位领导干部，敢于承担责任，更是一种必备的素质。

清廉从政　勤勉奉公

君子矜〔1〕而不争，群而不党〔2〕。

——《论语·卫灵公》

注释

〔1〕矜：庄重。

〔2〕党：结党营私。

译文

君子庄重而不争权夺利，与人合作共处而不结党营私。

解析

这是《论语》中孔子之言。儒家强调不争，既不争权争利，也不争名。孔子说"君子矜而不争"，就是强调君子应当庄重而不争夺。"群"，是合群，是与他人和平相处，是和谐与和睦。"党"，是结党营私、拉帮结派。孔子说"群而不党"，就是强调君子应当与他人和平相处而不应该拉帮结派、结党营私。孔子又说"君子和而不同，小人同而不和。""和而不同"也就是"群而不党"。一个从政者，不仅人品正直，而且不能争权夺利，结党营私。

事君，敬其事而后其食〔1〕。

——《论语·卫灵公》

译文

侍奉国君，以认真尽力办事为要，把拿俸禄当成事后之事。

解析

这是《论语》中孔子之言。"事君"，即侍奉君主，最主要的是尽力将事情做好，将事情做到尽善尽美，而不是把这件事当成一件普通的工作，只是为了拿取高官厚禄。现在从事政治活动的人也应当具有这种意识，应当清廉从政，勤勉奉公。

君子有三患〔1〕：未之闻，患弗〔2〕得闻也；既闻之，患弗得学也；既学之，患弗能行也。

——《礼记·杂记下》

注释

〔1〕患：忧虑。

〔2〕弗：未曾，未做。

译文

君子有三种忧虑：未闻道，忧虑还不曾闻道；既闻道，忧虑未领会道之深意；已领会道之深意，忧虑没有将道之深意落实在具体的行为当中。

解析

君子之为君子，并不是天生的，而是学习的结果，是修养而成的。所以，不知的要知，不会的要学，学了以后还要将其落在实处，将已学的落实在自己的行为当中。孔子提倡"下学而上达"，即通过不断努力学习，刻苦磨炼，不断提高自己的思想境界和工作能力。孔子赞美颜渊"好学"，孔子认为自己品格之中最为优秀的品质是"好学"。"十室之邑，必有忠信如丘者焉，不如丘之好学也。"学习，并且将所学落实到具体行为当中，通过学习、实践，而不断提高自己、提升自己，是儒家学说的基调。

君子有五耻〔1〕：居其位，无其言，君子耻之；有其言，无其行，君子耻之；既得之而又失之，君子耻之；地有余而民不足，君子耻之；众寡均而倍〔2〕焉，君子耻之。

——《礼记·杂记下》

注释

〔1〕耻：以为羞耻。

〔2〕倍：数倍。

译文

君子对五种事情感到羞耻：其一，居于君子之位，却无君子之言，君子以此为耻；其二，有君子之言，口中如此说，却无君子之行，不能将所言落实于行动，君子以此为耻；其三，之前已经能做到，后来又做不到以至于不肯做了，君子以此为耻；其四，作为一方官长，土地还算富有，却没有足够的人口，君子以此为耻；其五，他人财富并不算多，自己却是他人的好几倍，君子以此为耻。

解析

君子以德立身，君子之为君子，不能徒有其名，而是要有君子之言、君子之行。居其位而无其言，有其言而无其行，君子以此为耻。不仅如此，作为执政者，更要有爱护民众、关心民众疾苦的实际行为。这也就是孔子所讲的"修己以安人""修己以安百姓""博施于民而能济众"。《礼记》的"五耻"，将修己安人的理论落到了实处。

君子戒〔1〕慎〔2〕乎其所不睹，恐惧乎其所不闻。莫见〔3〕乎隐，莫显乎微，故君子慎其独〔4〕也。

——《礼记·中庸》

┃注释┃

〔1〕戒：警惕。

〔2〕慎：谨慎。

〔3〕见：现。

〔4〕慎其独：慎其闲居之所为。

┃译文┃

君子在他人看不见自己的地方格外警惕谨慎，在他人无法察觉自己的方面更加战战兢兢。君子懂得：没有什么隐秘不会被发现，没有什么细微不能不被显露，所以，君子在一个独处时更加小心谨慎。

┃解析┃

一个人在独处时，由于缺乏监督，可能会放松警惕，由此而做出不该做的事。所以，儒家提出"慎独"，告诫人们"莫见乎隐，莫显乎微"。慎独是一种具体的修养功夫，为历代儒学大家所提倡、所重视。其实，"慎独"的实质还是"诚"。只要做到真诚无伪，就会做到人前人后一个样，就会做到有人无人一个样。

庸〔1〕德之行，庸言之谨；有所不足，不敢不勉，有余，不敢尽；言顾行，行顾言，君子胡不慥慥〔2〕尔！

——《礼记·中庸》

注释

〔1〕庸：平，常，不可易变之常道。

〔2〕慥慥：积极落实，不敢迟缓。

译文

　　合乎道德、恰到好处的行为，以及谨慎而恰到好处的言语，对于人的修养是非常重要的。如果还没有做到足够好，就不敢停怠，努力使其做到最好。言语上则不要将话语说满，要留有余地，要谨言。言语要顾及行为，行为要顾及言语，要言行一致，表里如一。有鉴于此，君子难道不应该积极进取，在修养的道路上难道还能容得迟缓吗！

解析

　　谨言慎行，是儒家对于个体人物的具体要求。作为从政者，更应当如此。言语要做到恰到好处，行为要做到恰到好处，如果还没有做到足够好，就不敢停怠，努力使其做到最好。言行要一致，表里要一致。儒家给人指出，修行在路上，要不断努力、要不断进步。人只有通过不断努力，才能不断进步，才能不断提高，修行是一件不可怠慢的事。修行如此，一个政治人物，做事也应当如此，应当勤勉，应当有任重而道远的意识。

君子素其位而行，不愿乎其外。素〔1〕富贵，行乎富贵；素贫贱，行乎贫贱；素夷狄，行乎夷狄；素患难，行乎患难。君子无入而不自得焉。

——《礼记·中庸》

注释

〔1〕素：现在所处的状态。

译文

君子处世做事，立足于现在的状态，而不谋求另外一种处境。身处富贵，就按富贵的身份和要求去做；身处贫贱，就按贫贱的身份和要求去做；身处文化落后之地，就按文化落后地区的方式和要求去做；身处患难，就以患难者的身份去做。君子无论处在什么地位，都能够恰如其分地做该做的事。

解析

由孔子创立的儒家学派，特别强调从我做起，从现在做起，从一点一滴做起。孔子说："为仁由己"，"我欲仁，斯仁至矣"。所以，一个人不管身在何处，不管身居何种位置，都应该做自己该做之事。身处富贵，就按富贵的身份和要求去做；身处贫贱，就按贫贱的身份和要求去做；身处患难，就以患难者的身份去做。不管任何时候、任何条件下，都应当尽心尽力，都应该将该做之事做到尽善尽美。

君子不可以不修身；思〔1〕修身，不可以不事亲；思事亲，不可以不知人，思知人，不可以不知天。

——《礼记·中庸》

注释

〔1〕思：想要如何如何。

译文

君子不可不加强自身的修养。想要加强自身的修养，不可以不孝敬自己的亲人；想要孝敬自己的亲人，不可以不知人；想要知人，不可以不知天。

解析

《大学》说："自天子以至于庶人，壹是皆以修身为本。"加强自身修养，要从孝敬自己的亲人开始，所谓"百善孝为先"。有子曰："孝弟也者，其为人之本与！"要将孝亲之事做好，则必须真正理解人，理解人之所以为人。要理解人，必须理解天。孟子说："尽其心者，知其性矣；故其性，则知天矣。"因为人在天中，因为天人合一。支配自然界的基本规则，同时也是支配人类的基本规则，同时也是人类应当遵守的基本法则。

诚身〔1〕有道，不明乎善，不诚乎身矣。

——《礼记·中庸》

注释

〔1〕诚身：将诚真切地落实在自己的思想和行为上。

译文

将诚真切地落实在自己的思想和行为上是有方法的，首先要清楚明白什么是善，如果不明白什么是善，是不可能将诚切实地落实在思想和行为上的。

解析

修身以诚意为本，以立诚为本。诚意以明善为基，以明善为始。不明白什么是善，就不能确立标准，也就不知从何做起，自然也不可能将诚落实在思想与行为上，正所谓"诚于中，形于外"。《中庸》说："所谓诚其意者，毋自欺也，如恶恶臭，如好好色。此之谓自谦。"自谦是将真诚无伪。与自谦相对的是自欺，自欺则是自我欺骗。"自天子以至于庶人，壹是皆以修身为本"，而修身则以诚意为本，诚意又以"勿自欺"为本。

博学之，审〔1〕问之，慎思之，明辨之，笃〔2〕行之。

——《礼记·中庸》

注释

〔1〕审：细致而认真。

〔2〕笃：坚定而切实。

译文

广泛而深入地学习，细致而认真地请教，严谨而慎重地思考，清晰而明确地分辨，坚定而切实地执行。

解析

儒家提倡知行合一。知行合一虽然是由王阳明直接提出的，但它是儒家以至于中国哲学的基本理论。学、问、思、辨，属于知的范畴，而笃行之，属于行。知，须与行结合，须具体落实在行上。王阳明说："知是行的主意，行是知的功夫；知是行之始，行是知之成。""知之真切笃实处即是行，行之明觉精察处即是知。知行工夫本不可离。"不能离知说行，也不能离行说知，知行必须合在一处。

有弗〔1〕学，学之弗能，弗措〔2〕也；有弗问，问之弗知，弗措也；有弗思，思之弗得，弗措也；有弗辨，辨之弗明，弗措也；有弗行，行之弗笃，弗措也。

——《礼记·中庸》

注释

〔1〕弗：未，不。

〔2〕措：置，引申为罢休。

译文

有未学，或学了后未能学会，就不罢休；有未问，或问了而不明白，就不罢休；有未加思索，或思索了仍不明白，就不罢休；有不能分辨，或分辨不清，就不罢休；有未实行，或执行不切实，就不罢休。

解析

儒家强调学习，学、问、思、辨，都是学习。儒家不仅强调学习，而且强调学习一定要学到极处，没有学懂，没有学通，没有学到尽处，就不能止、不能停。并且，学了以后还要将其落实在具体的行为上，没有落实，还不是真正意义上的学。荀子说："君子知夫不全不粹之不足以为美也，故诵数以贯之，思索以通之，为其人以处之，除其害者以持养之。使目非是无欲见也，使口非是无欲言也，使心非是无欲虑也。"学习必须学到极处，必须将学落实到具体的行为上。故荀子说"学不可以已"，曾子说"死而后已"。

人一能之〔1〕，己百之；人十能之，己千之。果能此道矣，虽愚必明，虽柔必强。

—— 《礼记·中庸》

注释

〔1〕人一能之：别人因为聪明，学一遍就会。

译文

别人因为聪明，学一遍就能学会，自己就学一百遍；别人学十遍，自己就学一千遍。如果真能如此，即使愚笨的人也会变得聪明，即使柔弱的人也会变刚强。

解析

修养的过程也是一个修炼的过程，要对自己提出更高的要求。人一能之，己百之；人十能之，己千之。严于律己，是君子成长的自我要求，也是从政者对于自己的严格要求。这也就是孔子所说的"躬自厚而薄责于人"。果能"人一能之，己百之；人十能之，己千之"。即使愚笨的人也会变得聪明，即使柔弱的人也会变刚强。

清廉从政　勤勉奉公

君子尊德性〔1〕而道问学〔2〕，致广大〔3〕而尽精微，极高明〔4〕而道中庸。温故而知新，敦厚以崇礼。

——《礼记·中庸》

注释

〔1〕尊德性：尊崇本有的德性。

〔2〕道问学：通过勤学以达成。

〔3〕致广大：致力于如地一般的广大。

〔4〕极高明：推崇如天一般的高明。

译文

君子尊崇自身本有的善的本性，并通过勤学苦练以达成人的完善；君子致力于如地一般的广大渊博，又追求各个细处的精确入微；君子推崇如天一般的高大光明，又以中庸之道为立身处的基本原则；君子温习旧知而开显新知，品格敦厚又崇尚礼仪。

解析

"尊德性而道问学，致广大而尽精微，极高明而道中庸。"在儒学史上有重要的意义，很多人以此作为自己的座右铭。尊德性，是尊重本有的善的本性；道问学，是勤学苦练，两者不偏废。相对而言，陆象山更强调"尊德性"，朱熹更强调"道问学"。广大与精微，两者也不可偏废。高明与中庸，敦厚与崇礼，两者应当内在统一。这是君子修养的境界，也是从政所要努力以求的境界。

儒有博学而不穷〔1〕，笃行而不倦，幽居而不淫〔2〕，上通而不困〔3〕。

——《礼记·儒行》

注释

〔1〕不穷：不停止。

〔2〕淫：胡作非为。

〔3〕困：脱离正道。

译文

儒者虽博学多闻而不停止学习进步，虽操行美好而不感到倦怠止步不前，即使一人独处也不胡作非为，即使飞黄腾达也不背离正道。

解析

学不可以穷，学无止境，所谓"学而不厌"。将"学"落实在行动上，就有了学习的动力，因此而有了"笃行而不倦"。学与行永远没有穷尽，曾子讲"死而后已"。人永远都是一件未完成的作品，人永远都需要进步，需要提高，需要完善。

清廉从政　勤勉奉公

君子之事[1]上也，进思尽忠，退思补过，将顺[2]其美，匡[3]救[4]其恶，故上下能相亲也。

——《孝经》

注释

〔1〕事：做事，侍奉。

〔2〕顺：顺应，顺从。

〔3〕匡：纠正。

〔4〕救：补救。

译文

君子为国君做事，在朝为官，则思虑如何将事情做到尽善尽美；在家赋闲，就思虑自己过去工作上有没有失误。国君有美德、有功劳，就顺应其美德，成就其功劳；国君有失误、有缺点，则纠正其缺点，补救其失误。正因为此，君臣上下能够做到亲密无间。

解析

作为政治人物，不能以做官为求富贵。政治人物要做到无私、无我。对于上级，要做到尽职尽责，顺其美而补其恶，而不只是一味顺从。即使不做官而在家赋闲，也要思量自己过去工作中的失误，以求在今后的工作中加以改正。

君子贫穷而志广，富贵而体恭，安燕[1]而血气不惰，劳倦而容貌不枯，怒不过夺，喜不过予。

——《荀子·修身》

注释

〔1〕燕：通宴，安逸。

译文

君子即使贫穷困窘，志向依然远大；即使富裕高贵，举止依然恭敬；即使生活安逸，精神上也不会懈怠；即使身体疲劳，容貌上也不会无精打采。君子即使发怒，也不会过分处罚人；即使高兴，也不会过分奖赏人。

解析

孔子所讲的"饭疏食，饮水，曲肱而枕之，乐亦在其中矣"，孟子所讲的"富贵不能淫，贫贱不能移，威武不能屈"，与荀子所讲的"贫穷而志广，富贵而体恭"，是一致的。儒家推崇和强调人格的尊严，不以物喜，不以己悲。这样一种人格力量，对于从政者显得尤不重要。

清廉从政 勤勉奉公

责任编辑：洪　琼

版式设计：顾杰珍

图书在版编目（CIP）数据

清廉从政　勤勉奉公／罗安宪 编著 . —北京：人民出版社，2022.5
（典亮世界丛书）

ISBN 978－7－01－024150－0

I. ①清…　II. ①罗…　III. ①品德教育－中国－通俗读物　IV. ① D648-49

中国版本图书馆 CIP 数据核字（2021）第 258746 号

清廉从政　勤勉奉公

QINGLIANCONGZHENG QINMIANFENGGONG

罗安宪　编著

人民出版社 出版发行

（100706　北京市东城区隆福寺街 99 号）

北京中科印刷有限公司印刷　新华书店经销

2022 年 5 月第 1 版　2022 年 5 月北京第 1 次印刷

开本：710 毫米 ×1000 毫米 1/16　印张：12.25

字数：200 千字

ISBN 978－7－01－024150－0　定价：62.00 元

邮购地址 100706　北京市东城区隆福寺街 99 号

人民东方图书销售中心　电话（010）65250042　65289539